大清皇帝陪我吃頓飯

餐桌上的清史，
揭露「朕」的菜單怎麼進入你家廚房，
哪些御膳能遇到千萬要嘗

中央電視臺《法律講堂》主講人
袁燦興——著

第1章

大清皇帝的欽點食單

[CONTENTS]

第2章

第3章

第6章

擁有山珍海味的御膳房——257

推薦序一

在虛實交錯中，傳達事實

「食之兵法：鞭神老師的料理研究」版主／**鞭神老師（李廼澔）**

如果把虛構與真實，套用在歷史與創作的書寫的話，我們往往會認定創作是虛構，而歷史是真實的。

但歷史往往只是當權者的真實，創作也成了我們在真實世界模仿的對象。所以歷史的虛構性往往被低估，而被全盤接受；創作的真實，卻在看著警察電影長大的孩子，當了真正的警察後被表現出來。

本書雖然是飲食文化歷史書，但讀起來卻像是一篇又一篇精彩且引人入勝的故事。將真實虛構化，又將虛構嵌入真實之中，在充滿故事性的起承轉合裡，帶出一個又一個作者想要傳達的事實，傳達一則又一則我們該知道的資訊，而且一讀就難以放下，作者實在是位說故事之能手。

一道黃金肉，讓我們從白山黑水之間的滿人祖先，看到努爾哈赤與遼東總兵李成梁之間的恩怨情仇；從歐洲人對康熙宮廷飲食的觀察，帶出了對中國政令制度的見解；看清帝們如何以招待老年人的千叟宴推崇華夏文化，以籠絡士人、尊崇老人，又同時理出了火鍋的歷史、種類與其毀譽爭論；來自江南的宮廷美食蘇造肉，怎麼成了北京的民間小吃滷煮小腸；由於乾隆帝對市井流行的食物充滿好奇，而被引進宮中的豆汁兒，被用來勾勒出清末重臣那桐的私生活與大歷史；從宮廷的煮餑餑，垂直的聊餃子的歷史，又水平的探究各種吃餃子的習俗。

不只是菜品與歷史間的故事，作者也藉由討論宮中時鮮貢品，細膩而全面的介紹了時鮮食材：有著「鰣魚吃鱗，甲魚吃裙」之說的鮮美鰣魚與其清蒸和紅燒兩種做法，以及《調鼎集》製作醉鰣魚和《金瓶梅》中糟鰣魚的烹製方式；打從唐代就已是宮廷貢品的鹿尾，如何因其所蘊含的吉祥意義、藥補功能、清室所重視的馬上騎射功夫以及其鮮美，而成了清代君臣所追捧的食材，進而延伸討論自周代至清代的八珍等。

二十世紀初的德國哲學家與文化評論家華特．班雅明（Walter Benjamin），曾經在著作《說故事的人》中寫道：「如果農人和水手是過往的說故事大師的話，那麼工匠階級就是說故事的最高學術殿堂。在這個殿堂裡，兼備了時常出遠門的人所帶回來的來自遠方的傳說，以及過去在這裡所發生的一切。」

本書的第一章是線性、編年體的傳承和轉變；第二章的宮中大宴中有我們熟知的千叟宴、蒜泥白肉的起源——白片肉與滿漢全席；第三章不只是南北飲食的交流與交融，更是宮內御膳與民間飲食的相互影響和演化；第四章進一步討論民間小吃如何豐富了宮廷飲膳；第五章為來自中國各地的珍饈；第六章談清代御膳房中的柴、米、油、鹽、醬、醋、茶的「故事」中，我們同時置身於結合了遠方與遙遠過去的知識殿堂。在這個情報量雖大，但真實體驗卻不斷下降的現代世界中，這樣的殿堂，讓我們更貼近了第一手的體驗。

推薦序二

我在皇家宴席中，一晌貪歡

文史工作者、美食作家／**王浩一**

寫推薦序的任務，接？不接？我猶疑了三分鐘，因為過去多在廟口貪嘴，也在小鎮覓食，突然接到乾隆皇的宮廷邀宴，去？不去？

認識皇家美食的描述，最早是從《射雕英雄傳》裡，黃蓉為了討北丐洪七公歡心，不斷的親手烹調一道道精彩佳餚，就為了讓洪七公持續貪戀美味，只好不停的教郭靖「降龍十八掌」。書本另一段情節，洪七公潛入皇宮，躲在御膳房「偷偷」享受那些為皇上準備的美食，老人家樂不思蜀，如今黃蓉手藝又遠勝御廚。金庸的筆下滋味，令我心馳神往。

之後，在書寫美食的過程中，我曾經深入研究過去「皇上們都吃了些什麼？」也探討許多美食的典故，總覺得「用段子點菜，拿故事下酒」是個有意思的事。飲食，是一個民族歷史與文化的積澱，一個民族的食譜也是文化形象的側影。

於是，偶爾抽離自己餐桌上的基本菜餚，去探索各朝各代歷史的廚房，了解官府菜、文人菜、寺院菜，甚至皇家菜，爬梳那些大快朵頤之下的奢華滋味，或是料理講究的技法。我樂在不同的廚房穿梭，也往來東南西北中的各地名菜。

觀看本書內文的菜餚，吃得我淋漓酣暢，其中我要特別標記的是〈請皇帝吃飯，曲阜孔府最有經驗〉和〈滿漢全席的名稱怎麼來？跟鰲拜有關〉兩篇。

我在二〇一九年春天，特別去山東曲阜觀光，除了走訪孔廟、孔林，另外的孔府也引發我種種好奇與搜祕，從宋仁宗開始的衍聖公府邸建築群，恢宏壯觀。但是，千年來不斷演進的孔府菜，一直令所有美食考古家津津有味。想想，在舉杯動箸、品嘗美食之餘，講故事，道傳奇，能說上兩段乾隆皇的八卦，黃湯下肚，侃侃而談，自當是妙趣橫生。

我在曲阜拿著放大鏡與筷子，認真的考證乾隆皇的女兒下嫁第七十二代衍聖公孔憲培的歷史疑案。坦白講，我比作者對稗官野史更感興趣，對這位過繼給于敏中為乾爹的格格，再嫁到孔府這件事所引發的「美食版的蝴蝶效應」，興致盎然。作者考據了乾隆皇前後到曲阜八次，我認為後幾次除了祭孔之外，純然是為了探視女兒，和大快朵頤孔府宴版的滿漢全席。

我也來貢獻一道乾隆皇在孔府吃過的開胃美食：油潑豆莛。一次，乾隆皇在孔府期間，食慾不佳，讓在場侍膳的衍聖公著急不已，於是進了廚房，希望廚子弄一道開胃菜。幾番討論後油潑豆莛就誕生了：先把豆芽掐去芽和根備料，稱之豆莛或銀芽。另外以花生油大鍋加熱，加入花椒炸過，讓熱油具有辣味。重點來了，將豆莛放入漏勺，左手拿漏勺擱在油鍋上，右手拿炒菜勺，用勺舀熱油澆在豆莛上，反覆澆幾次，再把油瀝乾，豆莛倒在平盤上，撒上精鹽，稍拌，即可上桌。

如何？學會了，你也可以邀乾隆皇來你家作客。

前言
從飲食角度考察清史

少時聽一輩子沒出過鄉土的鄉人們閒扯，他們常想像城裡人家每日吃些什麼東西。想像力嚴重被限制的人們，以為城裡人家的餐桌上，每餐必然會有噴香的麻油、紅燒的豬肉。

在傳統社會中，萬千辛苦勞動工作的民眾，則遙望深宮大內，遐想著那裡的皇帝餐桌上是何種美味。皇帝吃什麼，從古到今，一直讓人們好奇。在明清兩代諸多小說中，凡描寫皇帝的宴飲，往往是龍肝鳳髓、山珍海味。可真的如此嗎？

就清代宮廷而言，皇帝的日常飲食，並不是民間所想像的那樣奢華無比。在皇帝的飲食中，可以看到各種平民的食譜，如作為日常飲食的粥、廉價的豆汁兒（按：用生產澱粉或冬粉過程中產生的綠豆殘餘物製成的飲品）、開胃的小醬菜、最受歡迎的豆腐、常吃的煮餑餑（按：滿族對塊狀麵食的統稱）等。

既然是皇帝，也有皇帝的特權，全國各地的美味，照例是要送一份給皇帝品嘗。在宮廷的菜單中，有南方的鮮筍鰣魚、通脈養神的鹿尾、遼東來的鱘鰉、進補的人參、滋補的東南亞燕窩等。燕窩在清宮菜系中備受追捧（按：追逐捧場），菜餚多用燕窩加以搭配。明末興起的燕窩，在清代大大發展起來，而清廷對燕窩的追捧，也帶動了上流社會使用燕窩的風氣。

皇帝時常會設下宴席，招待大臣們。最隆重的宴席，就是太和殿上的大宴，皇帝設下盛宴，請吃的是烤羊肉。康熙、乾隆年間曾多次設下千叟宴（按：邀請耆老參與御宴的大型尊老、敬老活動），請吃的是火鍋。每年有兩次，皇帝會在坤寧宮祭祀之後，請親信大臣吃白片豬肉。清廷從關外而來，在飲食上，保留了濃郁的關外風格，在皇帝請客吃飯時也得到體現。到了後世，滿漢全席出現，將滿菜與漢菜融合，滿菜中的招牌菜，即以燒烤類菜餚為主。

不同皇帝不同菜，不同時節不同酒

清代的宮廷菜系，也不是一成不變。在以滿洲菜系為主的情況下，包容吸收了各地的菜系，如蘇州菜，再如孔府菜。而皇帝巡遊各地時，也會採納各地的諸多美食。在入關之後，清宮菜系不斷變化，到了溥儀時期，甚至吸納了西餐元素。

每個皇帝，有各自的口味與愛好。如康熙帝，飲食雖簡單，但喜歡遼東的野味、江南的鰣魚。至於乾隆帝，則可稱得上是資深老饕，他喜歡江南美食，引江南菜系入宮廷。他喜歡吃鴨，每餐必備。但他不喜吃魚，所以魚類偶爾出現。再比如海鮮，清宮菜系中較少出現，但光緒帝喜歡，也就開始多起來。

清末，出現了一個更善於吃的慈禧太后，她的口味，讓清宮菜系又一次大轉變，各種新菜紛紛出現。慈禧出自民間，發達之後卻不忘民間飲食，將各種日常飲食引入宮中。慈禧對飲食又極為挑剔，廚師不得不費盡心思，為她琢磨出各種新鮮菜，豐富了清宮食譜。

美食離不開美酒。清宮中御酒頗豐，既有宮中自釀，也有各地進貢。內務府中常見的有挏酒（馬乳酒）、玉泉酒、太平春酒、蓮花白酒、櫻桃酒、桑葚酒、屠蘇酒、葡萄酒、雄黃酒、紹興酒等。皇室根據不同的時節和場合，飲用不同的酒，最常用的酒則是宮中自釀的玉泉酒。美酒雖多，但清代皇帝在飲酒上很節制，不曾出現過酒鬼皇帝。

對清宮飲食，民間有各種誤解，如最為民間津津樂道的滿漢全席，卻不曾出現在宮廷中。清代宮中有滿席、漢席。滿席以餑餑為主，以乾鮮果為輔，同時使用羊肉；漢席主要使用鵝、魚、雞、鴨、豬等肉。在清代官場上，漸漸出現漢人請滿洲人用滿菜，滿洲人請漢人用漢菜的現象。於是精明的商家又將滿菜與漢菜，擇其精華，匯集在一席之上，以吸引達官貴人，稱為滿漢席。滿漢席上的招牌菜乃是雙烤，即掛爐豬與掛爐鴨，再往後，滿漢席變成了滿漢全席。

宮廷的飲食，不單單是皇家的吃食，它也是組成歷史的一個重要部分。清宮之中，皇帝每日的飲食，有詳細檔案留存，此即御膳檔。皇帝的飲食，既關係到皇帝本身的健康，更是施行統治的重要部分。吃之中，包含了禮、等級制度，和皇帝的各種考慮。故而本書不單單是一本宮廷美食書籍，更從飲食的角度考察清宮史，給讀者們帶來全新的、不同的感悟。

第1章

大清皇帝的欽點食單

1 努爾哈赤的黃金肉，開創大清王朝

一名少年，恭敬的看著席中的一位貴人夾起一塊金燦燦的肉片，在口中大嚼一番後，露出滿意的表情。少年暗暗的鬆了口氣，也許這盤不起眼的肉片，改變了歷史發展的軌跡，而未來滿人的發展，或許就與這盤黃金肉有關。

生活在白山黑水之間的滿人，有著豐富的肉類資源，自古以來，他們就喜歡吃肉。滿人的祖先有著不同的稱謂，商周時稱「肅慎」，戰國時稱「挹婁」，北魏時稱「勿吉」，隋唐時寫作「靺鞨」（按：音同「莫河」）。

肅慎人很早就有養豬的習俗。《晉書》東夷傳中記載，肅慎人「無牛羊，多畜豬，食其肉，衣其皮」。肅慎人死後，葬於野，「交木作小槨，殺豬積其上，以為死者之糧」。在與內地的交往中，他們開始學會種植五穀，建造房屋。到了隋唐時期，靺鞨人已經有較多的農業經驗，種植粟麥稷等。《隋書》中記載，此時的靺鞨人已經會「嚼米為酒，飲之亦醉」。後世的滿族人，以糜（黃米）釀酒的習俗，此時已經形成。

遼代時，滿人的先祖被稱為女真人。女真稱謂一直延續到一六三五年，此年皇太極宣布廢除女真、諸申等各種稱謂，統一改稱滿珠（吉祥之意）。「以國書考之，滿洲本作滿珠，二字皆平讀。」此後又演變為滿洲之稱。女真人信奉薩滿教，重視祭祀活動，祭祀時以各種食物作為貢品，食物中常見家禽及各種野味，還有甜食和麵食。女真人所處的長白山地區，盛產蜂蜜，既可用來製作麵點和茶食，也被用在豬羊等肉類之中。女真人取代遼，滅北宋之後，建立了金朝。此時的女真人生活上仍比較簡單，「以豆為漿，又嗜半生米飯，漬以生狗血及蒜之屬，和而食之」。女真人極為好酒，釀糜為酒。有趣的是，此時的女真人吃狗血，而後來的女真人則不吃狗肉。

《滿洲源流考》中載：「金主至混同江之北，聚諸將共食。」金國的御宴很簡單，在炕上用矮檯子或木盤相接，每個人給稗子飯一碗，用來下飯的薺韭、瓠瓜均是鹽漬過的，有鹹味。另以木碟，盛裝各種家禽、家畜及鹿肉、野雉等野味。肉類的烹製很簡單，炙烤、烹，或生吃。宴席上，列席眾人各自取了小刀，切肉吃飯，吃罷才飲酒，酒是眾人傳杯而飲。金國宴席中，最重視全羊宴，「金人舊俗，凡宰羊但食其肉。貴人享重客間，兼皮以進曰全羊」。

至金國在燕京建都之後，飲食典禮等方面都得到了改善。祭祀時開始講究食物與器具。女真人會使用各種金銀器具、象牙匙箸，但金國仍保留了很多原有的習俗，如在宴席中用大塊的肉類，然後自割取食。宋朝使臣來到金國，不會自割取肉，則令人幫忙割肉。《北盟錄》中記錄女真人：「最重油煮麵食，以蜜塗拌，名曰茶食。」將麵團油炸之後，塗拌蜂蜜食用，這就是後來的餑餑了。到了明代，女真分為三大部，分別是建州、海西和東海，各部又分為若干小部，各不相屬，互相征伐。

拍馬屁的黃金肉，拍出大清皇朝

建州女真部的首領王杲實力最強，桀驁不馴，屢屢犯邊。努爾哈赤的祖父覺昌安、父親塔克世，依附於王杲，雙方結下了政治婚姻。努爾哈赤十歲時喪母，繼母對他不好，努爾哈赤時常到王杲家中去生活，與外祖父感情深厚。後來覺昌安、塔克世背叛王杲，投靠大明王朝。覺昌安、塔克世父子時而投靠明軍，時而背叛，遼東總兵李成梁對其很不放心，就將努爾哈赤留在家中作為人質。

一次李成梁生病，臥床不起，食不下嚥。僕人們好不容易弄出七道能讓李總兵滿意的菜，卻湊不滿八道。努爾哈赤知道後，自告奮勇，烹製了一道「黃金肉」。黃金肉選用鮮嫩豬肉，切成柳葉片，另用鹽、雞蛋、澱粉攪拌後，將肉片沾蛋粉糊。用鍋中油燒到四、五分熟，將肉片炸至表面發脆時撈出。再起一鍋油，將肉片倒入鍋中，滑油至五分熟時取出，最後將蔥、薑、香菜撒在肉片上，加酒、醋等調味料即可出鍋。成品色澤金黃，外脆裡嫩。菜端上去後，油光閃閃，讓人一見生津。李成梁吃後大為滿意，對努爾哈赤大加獎賞。

努爾哈赤是後金的創建者、清朝的主要奠基人。（圖片來源：維基百科。）

在當時女真人的日常生活中，烹製的肉類以簡單的煮白肉為主。入關之後，此習俗一直傳續下去。煮白肉時，將肉類切成大塊，放入水中煮熟，再用刀切片吃。稍微複雜些的做法，乃是將豬肉、雞肉切成小塊後，在油鍋中煸炒一番，再用文火燉爛。至於努爾哈赤的這道黃金肉，工序複雜，明顯是受到漢人烹製方法的影響。由此道菜還產生了一個歇後語：「努爾哈赤的黃金肉——湊數」。

作為人質，努爾哈赤為李成梁烹製出一道黃金肉，拍拍馬屁是尋常不過的事。十六歲時，少年努爾哈赤結束了人質生活，返回建州。繼母唆使父親與他分家。據說他分家後生活很艱難，不得不入山採人參、松子之類，運到撫順市販賣，以維持生計。努爾哈赤沒多久就去投奔外祖父王杲，在外祖父羽翼之下，衣食總能無憂。

第二次當人質，這回能讀書識字

王杲不時出兵與明軍作戰，成為大明王朝的外患。萬曆二年（一五七四年），遼東總兵李成梁出動大兵圍剿王杲。王杲守衛的古勒城被攻破，王杲僥倖逃脫。此次戰役中，正在王杲家中生活的努爾哈赤與其弟弟一起被俘。說起來，努爾哈赤與李成梁也是老熟人了。作為俘虜的努爾哈赤的表現是「抱成梁馬足請死」。請死是假，乞活是真。李成梁動了情，「不殺，留帳下卵翼如養子」。由以前做人質時結下的交情，更可能是一道黃金肉留下的好感，努爾哈赤得以活了下來。

此次再回到李成梁身邊，努爾哈赤先在軍中做雜役，後從軍參戰。努爾哈赤表現積極，自媚於成梁，以此獲得李成梁的好感，好日後脫身。這個自媚，想來必包含了烹製如黃金肉這樣的大菜。李成梁也想培養努爾哈赤，以便日後控制女真各部。在李成梁家中，努爾哈赤得到了良好的教育，能讀書識字，熟讀《三國演義》、《水滸傳》。

萬曆三年（一五七五年）春，王杲帶領部眾四處劫掠，被明軍圍剿，王杲僥倖逃脫。明軍懸賞重金，以求抓住王杲。覺昌安、塔世克站在了明軍一方，多次為明軍帶路，以抓住王杲。塔世克最為賣力，曾擔任嚮導，出奇兵，往返八日，擒獲了王杲。

王杲被擒獲後，在李成梁帳下的努爾哈赤，目睹了外祖父的悲慘狀況，可他此時自身難保，只能隱忍不發，更加賣力做事。王杲被送到北京後，於萬曆三年被凌遲處死。塔世克、覺昌安在擒獲王杲中的過人表現，改善了努爾哈赤的處境。萬曆五年（一五七七年），十九歲的努爾哈赤結束了俘虜生活，返回建州。努爾哈赤返回建州後，入贅佟佳氏，做了個上門女婿。佟佳氏世代經商，富甲一方。婚後，努爾哈赤一度曾到李成梁帳下再次從軍，四處征戰，提升自己的軍事素養，為未來的征戰打下軍事基礎。

開闢新局面，黃金肉成祖傳珍饈

到了萬曆十年（一五八二年），努爾哈赤突然從李成梁身邊離開。深得李成梁信任的努爾哈赤，為何突然走掉？一種說法是，努爾哈赤與李成梁的小妾私通，李成梁發覺後雖未追究，但努爾哈赤無臉再在李成梁身邊。這一走，努爾哈赤反而開創了新局面。

萬曆十一年（一五八三年），李成梁領兵圍攻王杲的兒子阿台。努爾哈赤的祖父覺昌安、父親塔克世也隨同明軍，參與作戰。此戰極為慘烈，阿台戰死，覺昌安、塔克世也死於戰役中。覺昌安、塔克世兩人之死，撲朔迷離，一說認為，李成梁於此戰之中，乘亂殺掉兩人，以除後患。覺昌安、塔克世死後，努爾哈赤起兵反明，先主遼東，後一統東北，成為大明王朝的巨大威脅。

努爾哈赤起兵之後，一次被明軍包圍，全軍糧草斷絕。努爾哈赤就命下屬，用菜葉包野果野菜充飢，最終熬過了難關。此後在滿人之中，留下了用菜包餡吃的習俗。滿人入主中原後，開始用白菜葉代替野菜，包裹的餡也不再是野果野菜，而是各種精美的肉餡，搭配上蔬菜及各種醬料，成為清新爽口的一道菜餚。

努爾哈赤羽翼豐滿後，不再需要自己親手烹製黃金肉，宮中有了專門的膳房、專用廚師。此時的各種菜餚，仍然保留濃郁的女真風格，如各式餑餑、炸（豬）肝、血腸等，菜餚中以各種野獸肉類和家畜、家禽為主，製作方法比較簡單：洗淨切成大塊，放入水中煮熟後，以大碗裝盛，用小刀割食。女真人嗜酒，努爾哈赤也再三告誡，不可貪杯。後世的清代宮廷之中，也一直嚴加控制飲酒，不曾出現過酒鬼皇帝、醉鬼大臣。

此時盛京宮中的主食，不過是稗子米飯、糯米飯、蒸蕎麥麵、玉米餑餑；菜餚主要是燉豬肉、燉羊肉、燉牛肉、燉鹿肉、火鍋之類；酒則是燒酒與蘆酒。宴飲之時，也不似後日那般，皇帝一人獨享，而是眾人一起吃。天命十年（一六二五年）正月，努爾哈赤曾說：「筵宴或飲食時，不可唯朕一人獨宴。」到了正月初二，努爾哈赤率領眾福晉、八旗諸貝勒與福晉、蒙古諸貝勒與福晉、眾漢官及官員之妻，至太子河冰上以蹋球為樂。冰上遊戲之後，努爾哈赤下令烹製牛羊，在冰上辦起了酒宴。眾人或站或坐，自取食物，也別有一番野趣。

黃金肉到底是不是努爾哈赤發明，已不可考，也不重要。努爾哈赤在李成梁家中的歲月，使他接觸到了各種漢人美食，更深入掌握了先進的軍事技能，開創了大清王朝。到了清末，慈禧太后會不時品嘗黃金肉，說此乃祖先留給兒孫的珍饈，切不可忘。

2 天下亂局造就康熙節儉，愛吃醬菜

看著一望無際的草原，康熙帝思緒萬千，幾十日來，深入草原，每日只食一餐，只為了擊敗噶爾丹。雖然辛苦，可勝利到來時，一切辛苦也值得。再說，蒙古各部王公進獻上來的羊肉，那種美味，就連宮廷中的羊肉也不能相提並論。想到此處，康熙帝自嘲一笑：「朕素來飲食簡單，哪會在乎這些？」

帝王之中，多有崇尚煩瑣禮儀、奢華飲食者，如唐明皇、乾隆帝，但也有崇尚簡約者，如宋仁宗、康熙帝。康熙帝並不是特別講究吃，他不吃早點，不喝早茶，午餐也較簡單。他曾道：「朕每食僅一味，食雞則雞，食羊則羊，不食兼味，餘以賞人。」

康熙帝喜歡吃醬菜，出征時，他給宮中寫信：「前者進來的王瓜（黃瓜）甚好，以後每報必須帶來。蘿蔔、茄子也帶來。」一年邁後，康熙喜歡食粥，因牙齒不好，一般脆硬醬菜無法咀嚼，御膳房就用煮爛的芥菜疙瘩為他佐餐。後來宮廷的這種製作方法傳到民間，便成了天源醬園（按：北京的一家老字號醬園，創立於一八六九年）的招牌醬菜。

康熙帝的簡約，與他的成長環境有關。他少時喪父，處於鰲拜等權臣的掌控下，他每日裡所思所想，不外是掌握權力。拿下鰲拜等權臣後，他又忙於平定三藩，還要應對西北的亂局，考慮收復臺灣，他無心無暇去享受奢華的生活。值得一提的是，他拿下鰲拜後，特意囑咐不要虧待了他，要保證鰲拜每日的肉食供應。滿人愛吃肉，打下江山的老臣，哪怕後來跋扈了，也不可虧待。

鰲拜是康熙帝早年輔政大臣之一。（圖片來源：維基百科。）

巡江南，尋得各式食材

康熙帝曾巡遊江南、東巡盛京、三征噶爾丹，民間留下了諸多與康熙帝相關的美食傳說，如羊雜、玉米粥、臭豆腐、窩窩頭（按：中國北方由玉米粉製成的一種饅頭）、錦州小菜、鹽豆子等。這些傳說情節基本雷同，康熙帝微服私訪，途中腹飢，飢不擇食時，有人獻來食物。康熙帝大口的吃起了窩窩頭、臭豆腐、玉米粥，再回宮時，面對山珍海味，他已無興趣。最終，這些尋常小吃，由於康熙帝的喜愛，成為貢品。

然而傳說只是傳說，康熙帝不會在途中餓得沒東西吃，也絕不會微服私訪。對於微服私訪，康熙帝曾說：「又宋太祖、明太祖皆有易服微行之事，此開創帝王恐人作弊，昌言於外耳，此等事，朕斷不行。」康熙帝有著發達的情報系統，透過各地的密奏，他清晰的把握著天下的動向，根本不需要像宋太祖、明太祖那樣微服出行，然後故意洩露身分，以震懾臣子。

對於飲酒，康熙帝有自己的看法。南巡至山東德州府時，他曾命侍衛傳旨：「朕平生不好酒，未能飲一斤，總是不用。」中年之前，康熙帝就是偶爾飲酒，也偏向養生的紹興黃酒。中年之後，康熙帝被各種瑣事纏身，後來傳教士羅德先用法國葡萄酒止住了他的心悸症。此後康熙帝長期飲用進口的西洋葡萄酒。康熙帝曾給內務府下過一道獨特命令：以後如果西洋人進貢的物品，「僱包程騾子，星夜送來，不可誤了時刻」。這其中，包含了康熙帝對葡萄酒的熱愛。

康熙帝多次巡遊江南，很喜歡江南的物產，如鰣魚、冬筍、火腿、茶葉、腐乳、滷蛋、糟鵝蛋、滷菜、茭白筍等。新鮮的食材，哪怕是最便宜的蔬菜，也比宮中的大塊豬肉吃起來舒坦。康熙帝南巡，遊至松江佘山，恰逢春筍初發，當地以東佘山所產的竹筍製成菜餚進獻。康熙吃後只覺齒頰留芳，讚不絕口，此後佘山竹筍身價陡增。對於康熙帝喜歡的東西，親信江寧織造曹寅、蘇州織造李煦等人，會不時加以進貢。後來有臣子上奏，指責江南的鰣魚之貢勞民傷財，康熙帝不好意思再讓人民進貢，就下令停止了。康熙帝曾云：「漢人一日三餐，夜又飲酒，朕一日兩餐，當年出師塞外，日食一餐。」日食一餐，說的是康熙帝三次親征噶爾丹時的飲食安排。

征途中的美味

康熙三十五年（一六九六年）二月，康熙得到報告，大敵噶爾丹仍停留在巴顏烏蘭（今蒙古國烏蘭巴托東南），遂決定御駕親征。五月十三日，清軍西路軍趕到昭莫多，切斷噶爾丹退路，殲滅其主力，噶爾丹帶領數騎逃脫。五月十八日，率領中軍的康熙，得到西路軍捷報後，先是默默禱告，感謝上天庇護；又設置香案，領了諸皇子及群臣行大禮。獲勝後的康熙，感慨萬千：「朕不懷安逸，不恃尊崇，與軍士同其菲食，日惟一餐，恆飲濁水，甘受勞苦，而為此行。」

取勝後，康熙心情大好。十一月底，康熙帝將黃河及草原上的各種美食寄回京城。黃河岸邊駐紮時，他親自操刀宰羊煮羊。煮法很簡單，將羊肉扔入白水中煮熟。他在給太后的信中寫道：「此處喀爾喀所產羊，或係水土之故，甚厚，朕親用水烹熟。因候凍河閒暇無事，親手執刀去其骨，置匣中馳送可恭進皇太后前。」在鄂爾多斯，康熙帝發現此地黃河石花魚甚多，口感極肥美。只是皇太后不喜歡吃大魚，故而沒有送回京城。

康熙帝打獵時，「獲肥雉三十，乳酥一匣，獻皇太后」。康熙帝發現，肥雉口感極佳，只是要多送回京城，要累死很多驛馬，故不多送。康熙帝出征途中，京城將各種物資送到前方，其中包括大量遼東特產。康熙帝特意指示後方，不要再送盛京所產之物，「朕此處各種食物皆有」。不過康熙帝也提出要求，送鹿尾、鹿舌各五十，鱖魚、鯽魚、赭魯魚少許，至於野雉和麵食類就不要送來了，此地野雉多且肥，而寧夏所產麵食極佳，勝過宮中御用。

到了康熙三十六年（一六九七年）二月六日，康熙帝再次領兵親征，至寧夏指揮作戰。三月二十六日，康熙帝抵達寧夏。四月十五日，康熙帝接到報告，噶爾丹於閏三月十三日服毒自殺。五月十六日，康熙帝凱旋，持續了十年的征戰告終。在征途中，他陸續給宮中寫信，描述了自己的生活。二月二十八日，到保德州（時隸屬山西省太原府），駐於黃河邊上。在黃河上，康熙帝親自乘小船捕魚，「河內全是石花魚。其味鮮美，書不能盡，吃食皆有，唯白麵最好」。康熙帝對捕魚充滿了興趣，他能熟練的撒出各種漁網。在京城時，他就常到京外不遠的河裡親自捕魚。來到黃河邊，哪能不撒網。三月初四，康熙帝寫道：「西巡今到山西、陝西，兩千餘里。江湖、山川、沙漠、瀚海，不毛之地、石水之地都走過，總不如南方之秀氣。一路飲食甚裕，食物亦好，白麵更好。」此時噶爾丹已是走投無路，康熙帝也認為其滅亡只在早晚之間，故而格外放鬆。康熙帝在陝西神木得了些本地土物、點心，將其中的「神木白麵一匣，送到延禧宮、翊坤宮去，看看笑笑」。可見康熙帝對於陝西、山西的麵有良好印象。

從哈密來的甜瓜，所以叫哈密瓜

民間傳說，康熙路過甘肅涇川時，地方官將民間蒸製的罐罐蒸饃（按：甘肅省涇川地區的特色傳統小吃）獻上，康熙帝品嘗後讚美：「天下扶麥之麥在涇州矣！」將其定為貢品，歲歲朝貢。因其形狀如上粗下細的罈罐，所以被當地人稱為罐罐蒸饃。涇川在隴東以東、關中以西，四季分明、氣候宜人，適宜小麥生長，和出來的麵有勁道，饃蒸出來口感也好。

三月初七，哈密地方頭領額爾都拉，將擒獲的噶爾丹小兒子送來，同時獻上了哈密土產晒乾甜瓜。康熙帝吃了以後，認為「其味甚美」，下令將晒乾甜瓜送回京城，給後宮妃子品嘗。康熙帝還特意交代了吃法：「先用涼水或熱水洗淨，後用熱水泡片時，不拘冷熱，皆可食得。其味像鮮瓜，水似桃乾蜜水。」平定噶爾丹後，立下功勞的額爾都拉被召入京覲見。額爾都拉特意挑選了上等的晒乾甜瓜，一路攜帶入京，獻給皇帝。康熙帝再食此瓜，很高興的說：「哈密是甜瓜產地，此瓜就叫哈密瓜吧。」此後哈密瓜成了宮廷貢品，「味甘如飴，常年配充貢物」。到了光緒年間，光緒帝體恤從哈密一路進貢，路途遙遠、運輸維艱，便停止哈密瓜的進貢。

傳教士眼中的康熙的飲食

來華的傳教士觀察了中國老百姓的飲食，也觀察了康熙帝的飲食。康熙帝對傳教士十分敬重，他們從歐洲帶來的藥物治癒了大量病人，其中不少是朝中大臣，還有一個是康熙帝的駙馬。這些傳教士在康熙帝身邊，教授他各種知識，也得以與皇帝親密接觸。傳教士白晉觀察到，康熙帝的皇室開支超過歐洲最奢華的宮廷，因為他供養著為數眾多的官員和無數依賴宮廷生活的人。他個人倒是恬淡樸素的。他的餐桌符合一位偉大君主的身分，桌上按照中國的理念，擺滿了金銀餐具。除了循例供奉的東西外，他毫無奢求。他滿足於最普通的菜餚，從未有過絲毫奢靡。

南懷仁曾被請到宮中擔任康熙的教師。康熙帝對他極為信任，據南懷仁記載：「我單獨同皇上在一起，給他讀書並加以介紹。他常常留我吃午飯，並從金盤中給我夾一些精美的肉。」法國傳教士張誠曾陪康熙帝吃過飯，據他記載，皇帝賞賜的食物有：堆成金字塔形的冷肉，用肉凍、豆芽、菜花、菜心拼成的冷盤。

康熙三十年（一六九一年）五月，傳教士張誠隨同康熙帝出關外，參加多倫會盟，對於途中康熙帝的飲食，多有記錄。狩獵途中，康熙帝飲

南懷仁，天主教耶穌會修士、神父，清康熙朝來華傳教士。（圖片來源：維基百科。）

用一種解乏酒，名叫「壽綿」，以土耳其穀（即由美洲傳入歐洲的玉米）或小米加糖水和勻，搗製而成。他還命令將同樣的酒，送給兒子和兩個駙馬，及宮廷大臣和其他官員。在招待喀爾喀蒙古各部首領時，桌子上盛放的食物擺成三層或四層，最下層是發麵做的食物、甜食和乾果，最上層是大盤煮或燒的牛肉、羊肉、鹿肉，但都是涼的。有的盤子盛著若干牛腿肉，其他盤子盛著去掉頭肩腿的全羊，所有食物都用白布蓋著。值得注意的是，康熙帝曾下令，宮中不得食用牛肉、驢肉、馬肉，以保護生產資源。在招待蒙古王公時，卻大量使用牛肉，也是變通之舉。

康熙三十二年（一六九三年）十一月三日，俄國使者抵達北京，他們於去年三月三日從莫斯科出發，走了將近兩年，方才抵達中國。在歡迎宴會上，俄國使者看到康熙帝的膳桌上擺著冷菜、水果和甜食點心，盛在蓋著黃緞苫布（按：一種布料）的銀碟裡。康熙帝親自賜給俄國使者烤鵝、乳豬、肥羊肉，又賜給他幾碟水果和盛在碗裡的一種飲料。俄國使者認為這飲料看起來像是豆角湯。這次會面，張誠神父作為翻譯，康熙帝向他詳細詢問了俄國使者途中的經歷。在詢問了歐洲列強的情況後，康熙帝命人端上一個金碗，盛有用馬奶釀的白酒，俄國使者喝了一口之後，宴會結束。俄國使者觀察到，康熙帝年約五十歲，中等身材，儀表令人肅然起敬，有一對黑色大眼睛，鼻子隆起、略歪，垂著黑色髭鬚，臉上有麻點。

康熙帝又陸續招待了俄國人幾次。餐桌上有大茶碗，裡面盛著茶和各種果仁，還有把小鐵勺，用來吃果仁，茶味芬芳。桌子上有各種熱菜，切成小塊的肉堆成小山。接著上湯，滿滿六碗，各不相同，味道鮮美，其中有肉末和魚，隨後是可口的點心。宴會將結束時，用小瓷碗上了糖漬水果，有葡萄、檸檬、桃仁、栗子、香果等甜食。使團臨行之前，康熙帝將菜餚賜到了他們的住地，菜餚有燒鵝、雞、蛋及各種熱菜，還有葡萄、蘋果、梨、核桃、栗子、檸檬、橘子等。

要百姓服從，得讓他們先吃飽

俄國使者對中國豐盛的食物留下了深刻印象，並一一加以記載。歐洲的思想家孟德斯鳩（Montesquieu）從來沒有到過中國，但他對中國與歐洲國家的食物做了生動比較。他指出，歐洲人大多以肉食為主，穀物的消費量大大低於中國人。但是，飼養牲畜需要大片草地。同樣面積的土地，在中國用來種植水稻，可以供給大量人口之需；在歐洲用來放牧，只能供給較少的人口生存之需，所以歐洲國家的人口較少。人口少則生計較易維持，即使遇到災年，人民的生活水準只是有所降低，不會出現餓莩遍地的慘狀。

中國則不然，災荒的後果不僅立即顯現出來，而且極為嚴重，它會造成社會動亂，直接威脅王朝的存亡和君主的生命安全。中國幾乎年年都有局部地區的災荒，這意味著中國的皇帝時刻面臨著災民鋌而走險的可能性。為了防患未然，統治者們不得不採取一些寬和的措施，以免自己江山不保。這些措施除了重視以德教化百姓，皇帝以身作則，設立御史監察制度外，還包括鼓勵百姓辛勤勞作，減輕百姓的賦稅負擔，甚至免除受災地區的稅收等。總之，中國古代的統治者時時刻刻把維持太平放在重於一切的地位。孟德斯鳩就此寫道：「中國的立法者們有兩個目的。他們要百姓服從安靜，又要百姓勤勞刻苦。」百姓服從安靜、刻苦勤勞，前提是必須讓他們吃飽飯，對此康熙帝深有感悟。

康熙帝很喜歡吃江南產的大米，曾道：「朕每飯時，嘗願與天下群黎，共此嘉穀也。」康熙帝一直很關心每年的糧食產量及米價。康熙三十二年（一六九三年），康熙帝得了瘧疾，用了西方傳教士帶來的藥物奎寧，才脫離險境。此年江淮一帶遭遇旱災，康熙帝在病中仍留意各地的米價，希望災情早日過去，讓江淮百姓早日吃上優質大米。在康熙帝看來，一飲一食才是國家的根本；統治者存在的意義，就是讓百姓享受更好的生活。

3 國庫有錢，正是奢華好時機，但禁殺牛、驢

康熙六十一年（一七二二年）正月，康熙帝在乾清宮擺下了千叟宴。宴席上，十二歲的皇孫弘曆向與席老臣「執爵獻酬」時，吸引了祖父康熙帝的注意。

此日天氣晴朗，繁花怒放，康熙心情極佳。胤禛的這個兒子，他還從來沒有見過。突然看到一個俊帥的孫子出現在眼前，且談吐聰慧，舉止穩重，康熙立刻就愛上了這個孫子，並將他帶到宮中，親自養育。此後康熙褪去了帝王的威嚴，盡顯祖父慈愛的一面。每日康熙邊教導弘曆讀書，邊批閱奏章，接見官吏時也讓弘曆陪伴在一旁。在木蘭圍場（按：秋天打獵的地方）時，康熙特意帶上這個愛孫。

康熙先用火槍將一頭熊擊傷，再讓弘曆補上一槍，以創下初次圍獵就射殺熊的美譽。不料弘曆剛上馬，熊突然站起撲了過來，康熙趕緊補了一槍，將熊擊斃。事後康熙稱讚這個孫子「伊命貴重」。圓明園中，不時出現祖孫情深的一幕。康熙在遊船上，船

還未靠岸，弘曆已呼喊著從山上飛奔而下前來迎接。愛孫心切的康熙，不等船停穩，就跳上岸去一把抱住孫子。

愛屋及烏，康熙與四子胤禛的關係更加親密。康熙親筆書寫「五福堂」匾額賜給胤禛，胤禛將它懸掛在王府後室。胤禛的政治地位也得到提高。大祀被視作地位及皇帝恩寵的象徵，康熙登基後，凡大祀必要親自主持，到了晚年則安排胤禛主持。在年邁的康熙心中，皇四子胤禛能給他親情，自然是最賢良、最理想的接班人。康熙帝去世後，皇四子胤禛登基，年號雍正。而康熙帝對弘曆的態度，也是間接在給雍正帝暗示，將來以此子為接班人。

清朝入關後第四位皇帝——乾隆，名弘曆。（圖片來源：維基百科。）

初見乾隆口味

江山傳到乾隆帝手中時，大清國庫中的積蓄頗豐，他就像繼承了無數家產的富家子，享受起了生活。隨著乾隆帝掌握政權時問的推移，排場越來越大，飲食也越發豪奢。乾隆一朝，可謂清代御膳迅速發展的時期。乾隆帝下江南，巡盛京，至曲阜，謁五台，嘗遍各地美食。宮廷中的菜系開始有了很多新的元素，江南風味占據了一席之地。

乾隆帝登基之初，宮中的饌餚沒有特別誇張。如乾隆元年（一七三六年）元旦，此日早膳有拉拉（按：黄米飯）一品、菜四品、肉七盤、點心兩盤、鹿尾醬、剁碎野雞、葵花盒小菜、金碟小菜各一品。晚膳則有菜十品、攢盤肉一品、點心四品、葵花盒小菜一品、金碟小菜一品。一般富貴人家，元旦當日菜餚的豐盛程度也不輸皇家。到了乾隆朝中期，宮中的饌餚日益豐盛。

以乾隆四十年（一七七五年）正月二十六日為例，這天乾隆在同樂園進早膳，有燕窩攢絲熱鍋等十六品、額食（按：清代皇家飲食中擺在遠端供用餐時觀賞的陳設，多以各種肉食和精緻糕餅堆砌）三桌、餑餑七品、奶子（按：滿族人習俗，以新鮮牛奶、鹽和茶水混合而成）四品、二號黃碗菜三品、羊肚絲一品、祭神肉一品、肉兩桌（每桌六盤）。晚膳時，有鴨羹燕窩等十三品、銀碟小菜四品、粳米乾膳一品、額食兩桌、餑餑六品、奶子兩品、二號黃碗菜兩品、祭神肉片一品、盤肉五盤一桌。到了乾隆朝晚期，宮中饌餚更是豐盛無比。

康熙帝對乾隆一生影響巨大。康熙在位六十一年，乾隆曾對天發誓，如果能在位六十年，將讓位給兒子，以示不敢媲美祖父。在日常生活中，他以祖父為偶像，處處效法。康熙朝時，曾經定下規矩，不得擅自殺牛、驢等生產工具，故而在乾隆的餐桌上，沒有牛肉、驢肉之類。乾隆帝不是特別喜歡海鮮，餐桌上少見海參、魚翅、大蝦之類。他喜歡的是雞鴨等日常家禽類，每餐必備，一般每日早晚膳各類菜餚中，使用的雞鴨種類要達到十種。雖然乾隆帝不好各種豪奢食材，但他在養生上卻下很多功夫。

乾隆何以身強體壯？吃鹿、吃羊

乾隆五十八年（一七九三年），英國派遣的馬加爾尼使團到達中國，並赴熱河拜見乾隆皇帝。在見到乾隆帝後，馬加爾尼觀察了乾隆帝，

馬加爾尼使團拜見乾隆。（圖片來源：維基百科。）

「精神亦頗健壯，八十歲老翁望之猶如六十許人也」。乾隆帝八十歲時，身體健壯，能彎弓射箭，騎馬馳騁。乾隆去世前半年，還能騎馬去承德。他強健的身體與注重膳補有很大的關係。

清宮中使用的野味，主要有鹿、狍（按：東方狍）、雉、兔等。乾隆帝經常食用鹿肉等野味，以達到壯陽補腎的功效。乾隆四十三年（一七七八年）七月，乾隆東巡，走到山海關時，盛京將軍獻上一頭剛捕獲的鹿。乾隆帝當即問：「今天的鹿肥瘦？」廚役答：「瘦。」乾隆帝立刻令廚役雙林，烹製塌思哈密鹿肉。羊肉益氣補虛，溫中暖下，也是乾隆帝喜歡的肉類。乾隆二十五年（一七六〇年），乾隆帝在承德避暑山莊駐蹕五十三天，期間共用去羊一千四百四十五隻，平均每日二十七隻。宮廷中每餐必要進羊肉製品，如羊肉片、羊肚絲、羊渣古（按：羊的軟骨）、羊肉片燉豆腐、炒羊肝等，每到元旦等大宴時，也大量食用羊肉。

清宮使用的羊肉，來自內務府所屬機構慶豐司（按：掌牛羊群牧及口外牧場之事）飼養的羊。慶豐司在京城西華門外設有內牛羊圈，在南苑、豐臺等處設有外羊圈，此外，在張家口、盛京、打牲烏拉（按：位於今中國吉林市龍潭區烏拉街）等地也有牧場，為皇室提供各種牲畜。慶豐司所畜養的羊，供給宮廷日常飲食、重大祭祀及皇子格格婚嫁儀式之用。宮中日常所用羊，先在西華門外內羊圈取用，內圈不足，再到豐臺、南苑外圈取用。若再不夠用，則到張家口牧場等處取用。死亡的羊和每月御膳房用過的羊皮，則交給廣儲司；死亡的羊肉則交給奉宸苑（按：內務府所屬管理園囿、河道的機構），供景山等處餵養的老虎、老鷹食用。如果不須餵食時，則將羊肉對外售賣。

某一年御膳房很久沒進上鮮嫩羊肉。乾隆帝覺得奇怪，派人去追問緣由。御膳房推諉稱：「羊肉以肥者為佳，今慶豐司所進皆瘦羊，故不敢用羊肉。」乾隆帝懷疑其中另有隱情，命人檢查慶豐司放牧的羊，結果都是肥羊，「於是尚膳不能用其詐」。

乾隆帝的容妃（即著名的香妃）是西域人，飲食習慣與滿人不同，羊肉也成為容妃餐桌的主角。在宮中別具異域風情的容妃，得到了乾隆的格外恩寵。各地送來的貢物，她常獨享一份。她有自己的回人廚師，烹製南疆特色的食物，如手抓飯、洋蔥拌菜、羊肉、羊肚。她仍舊穿戴南疆服飾，而不是宮廷服飾。乾隆四十三年（一七七八年），乾隆帝攜容妃出關，在木蘭圍場，乾隆帝獵到了野豬和狍子，賞其他妃嬪野豬肉，賞給容妃的則是狍子肉，也算特別優待。

皇帝健康與否，影響王朝興衰

宮廷中使用雞鴨野味等食材烹調時，注意葷素搭配，以求營養均衡。如使用燕窩、口蘑（按：一種野生蘑菇）、山藥、冬筍進行搭配，製成口蘑鍋燒雞、山藥蔥椒雞羹、燕窩冬筍鴨子等。在乾隆帝的餐桌上，各色小菜與大量雞鴨肉類搭配，起到了平衡的作用。南小菜、老醃菜、醬王瓜、蘇油茄子，這些康熙喜歡的小菜，也在乾隆朝的膳食單上頻頻出現。乾隆尤其鍾愛豆腐，如果發現餐桌上沒有豆腐，便會特意點上一道。

皇帝的健康與否，直接關係到王朝的興衰。乾隆執政六十年，身體康健，得享高壽，在他統治期間，雖然他好大喜功，屢屢征戰，又大興文字獄，但社會整體而言保持穩定，人們生活得到改善，大清王朝進入了鼎盛時期。乾隆帝晚年，對孫子們寵愛有加。綿寧是嘉慶帝的二子，出生於乾隆四十七年（一七八二年）。乾隆五十六年（一七九一年），十歲的綿寧扈從祖父乾隆帝，至塞外巡幸。綿寧在打獵時，竟然射中了一隻鹿，看著氣度不凡的孫子，乾隆帝想起了當年康熙帝帶領自己圍獵的情景，對孫子更加愛護。後來的大清王朝，果真傳到了這個孫子手中，他就是道光帝。

4 景氣蕭條，道光只能摳門度日

雖經歷了各種衝擊，嘉慶帝小心翼翼的操控著大清這艘巨艦，總算在風浪之中停泊靠岸，將它順利交給了兒子。嘉慶二十五年（一八二〇年），嘉慶帝前往木蘭圍場，七月二十四日抵達熱河。次日嘉慶照常批閱奏章，接見群臣，不料當晚在避暑山莊突然駕崩，隨後道光帝繼位。

道光接班後，面臨著千瘡百孔的局面：百姓普遍貧困，「富戶變貧戶，貧戶變餓者」，財政岌岌可危。中國經濟在十九世紀出現重大逆轉，從十八世紀的長期繁榮，轉入十九世紀中期以後的長期衰退，此逆轉始於道光朝，因此被稱為「道光蕭條」。道光蕭條原因複雜，根據李伯重教授的研究，道光時代，全球氣候劇變，低溫導致影響中國大部分地區的季風停留並交鋒，降水量增加。頻繁的水災，既使政府在河工上的開支激增，也使農業產量下降，這又加劇了蕭條。焦頭爛額之中，道光帝還得面臨前所未有的挑戰，那就是跨海而來的歐美列強。

錢到哪去了？打仗、河工，還有貪腐

一般而言，清宮的收入主要來自地丁（按：按照土地和人力進行徵稅）、漕糧（按：供應給京城的稅糧）、鹽稅、關稅及雜稅。地丁銀是國庫收入的主要來源，占七成之多。但道光一朝，從來沒有徵收到足額的地丁銀。至道光二十八年（一八四八年）十月，各省地丁銀拖欠達兩千三百九十萬餘兩之多。其他各類收入中，關稅大約每年在四百萬兩至五百萬兩之間，捐納銀收入則搖擺不定，最多時有兩百萬兩，少時幾十萬兩。道光年間財政吃緊，主要來自三個方面：一是內外用兵，二是治理河患，三是戶部貪腐。軍費開銷，僅鴉片戰爭一項，就至兩千萬兩。鴉片戰爭後，不管有沒有打仗，各省都借整軍備戰之名，大肆擴充軍備，建大炮、造地雷、仿洋槍、練水師、製戰船，忙得不亦樂乎，借此虛報開銷，中飽私囊。然而「所造大炮戰船，均不適用」。鴉片戰爭後賠銀一千四百七十六萬兩，加上戰爭中各地給英軍的孝敬銀、贖城銀、犒師費，開銷在三千八百萬兩左右，這相當於清宮一年的財政總收入。

軍費開支驚人還有個數，而河工開銷則是無底洞。道光朝恰好碰上了多災多難的時代，水災頻繁。黃河、淮河、永定河，各地河流不斷潰堤，道光三年（一八二三年）的一次水災就影響到九省三百個縣，搞得道光「夙夜焦思，難安寢饋」。為了治理河患，朝廷在河工上投入了巨額銀兩。僅道光二十三年（一八四三年），治理河患的開銷達一千一百九十萬兩，此後每年正常開銷在五、六百萬兩之間。

河道與漕運捆綁在一起，治河的一個重要目的是保證漕運，以源源不斷的為京城輸送糧食。為了管理河道，清代設置了南河河道總督與東河河道總督，均為正二品大員，分別管理江蘇省內與山東地方上的河道事務。自道光二十年（一八四〇年）之後，河道總督均為穆彰阿的人馬所把持。穆彰阿早年主持過漕運改海的試驗，知道經海路運輸的優越性。但他把持大權後，卻以祖宗成法為由，反對「改漕入海」，以保證黨人們的利益。於是無數的銀子，被注入了滾滾的河水之中，肥了一批批私黨。

西方在華傳教士曾經評價道光帝：「早熟的跡象蔓延到整個身體，即便是在年輕時代，他已經有了四十歲的蒼老。」充滿暮氣的道光帝當政後，他沒有勇氣改革根本性的問題，不過還是去掉了一些煩瑣的禮節。他自己也以身作則，節儉度日。朝鮮使者李遇駿來華之後，看到臘月二十八，道光帝親至太廟時的情景：道光帝乘了頂不起眼的小轎，隨從不過十餘人，「不圖簡易之若是也」。

道光節儉，皇后慶生只吃大滷麵

道光帝處於一個蕭條的時代，手中沒錢，宮中日常膳食再沒了乾隆朝時期的鋪張景象。道光帝對宮中奢華的飲食器具、鋪張的菜餚極為不滿。道光帝回憶道：「朕當年住在阿哥所時，生活極為節儉，每晚只買五個燒餅，朕與孝穆皇后各吃兩個，剩下一個給大阿哥吃。盛飯不過是用三桃碗，安用此盛設為耶？」三桃碗，乃是當時的粗瓷器。道光帝做皇子時，他的父親嘉慶帝，深陷五省白蓮教起義之中，手中也沒什麼錢，皇子們只好節儉度日，養出了道光帝的摳門習慣。

摳門的道光帝，一日突然想吃便宜的片兒湯（按：類似麵疙瘩），就命御膳房去做。片兒湯的製法是：將麵團擀成大薄片，切成塊片後，下入湯鍋中，用豬肉末或是羊肉末，與青菜、豆腐等同煮。片兒湯清鮮味爽，麵片軟韌，湯燙味美，為民間所喜。結果御膳房卻不做片兒湯，「即遞封奏，請添置膳房一所，專供此物」，算下來常年經費數千金。道光帝看了奏摺後，不由大罵：「前門外某飯館製此最佳，一碗值四十文耳，可令內監往購之。」可內務府卻回報，飯館關門，無法採購。道光帝恨得牙癢，再也不提片兒湯的事。

到了夏天，清宮中備大量西瓜，以消暑解熱。道光帝捨不得吃西瓜，在最熱的三伏天下令：「明日取消西瓜，只飲水。」道光帝規定，宮中歲耗不得超過二十萬、宮中用膳每日不得超過四碗。

皇后生辰時，道光帝想起自己已下令停止在宮裡舉辦大規模的宴席，就是否操辦一番，他猶豫再三。大臣曹振鏞勸他，皇后平日裡是出了名的節儉，為她過次生日，不要太過寒酸了。道光帝下定決心，特批御膳房殺了兩頭豬，做了豬肉大滷麵招待群臣，為皇后慶生。

一碗大滷麵，乃是北京人慶祝生日時必備。做大滷麵時，先用肉湯做滷，然後煮麵，麵煮好後撈出，擺肉澆滷即可。只有用豬肉白煮（水煮）出來的肉湯，加上水、澱粉勾芡做出的滷麵，才能稱為大滷麵。大滷麵的麵條，可以是切麵、拉麵、手擀麵、掛麵，但大滷的肉必須是白水煮的五花肉，配料有口蘑、蝦米、黃花、木耳、雞蛋等。製作大滷麵，必用口蘑。張家口一帶是口蘑的集散加工地，口蘑故而得名。口蘑形狀若傘，肉質厚嫩，能調出鮮味，在清宮中被廣泛使用，如燕窩口蘑雞之類。在大滷麵中使用的蝦米不能太大，若是太大，味道便太重，會影響整碗麵的味道。

道光日常飲食也很簡單，列舉幾例：

道光五年（一八二五年）正月十八，早膳有燕窩紅白鴨子、鴨子白菜、熗銀絲、雞蛋炒肉、羊肉包子各一品。晚膳是燕窩紅白鴨絲、羊肉燉白菜、白煮雞、鴨絲燉白菜、白糖油糕各一品。

道光六年（一八二六年）四月二十一日，早膳有燕窩鴨子、鴨子白菜、熗金銀絲、雞蛋炒肉、羊肉餡包子各一品。晚膳是紅白鴨羹、酒燉羊肉羊腱子、鴨丁炒小豆腐、雞蛋炒肉、白糖油糕各一品。

道光七年（一八二七年）二月初六，早膳有紅白鴨羹鍋子、鴨子白菜、熗金銀絲、雞蛋炒肉、黑糖油糕各一品。晚膳是燕窩紅白鴨絲鍋子、羊肉燉菠菜、海參熗鴨絲、雞蛋炒肉、白糖油糕各一品。

從這些膳單可以看出，道光帝的日常菜餚主要是雞、鴨、羊、豆腐之類，輔以餑餑等麵製品。比較昂貴的菜點，就是燕窩、海參之類了。菜點中的紅白鴨子，是將鴨肉在鍋中油炒後取出，以部分鴨肉加紅糖炒成紅色，部分鴨肉則切塊，一起上籠蒸熟，再搭配燕窩。菜餚紅白兩色相間，質嫩味香。燴銀絲則是以熟羊肚切成絲，搭配胡蘿蔔絲，放入鮮湯內用旺火燴製而成。燴金銀絲也是一道家常菜，以雞胸脯肉、熟火腿、雞蛋、豌豆苗等一起炒製而成。

犒賞士兵只多幾道菜，但嫁女兒得盛大慶祝

道光七年（一八二七年）的除夕夜，就在張格爾被擒時，道光吃了五道菜：鴨子白菜鍋子一品、海參溜脊髓一品、溜野雞丸子一品、小炒肉一品、羊肉燉菠菜一品。如果道光帝得知，當日在遙遠的西陲，他的大臣長齡擒獲在西域鬧事的頭目張格爾，勢必要加兩道菜吧。平定張格爾之亂的花費甚巨，軍需撥銀一千一百一十六萬餘兩。為保證前線的軍餉，道光勒緊褲腰帶，將內庫元寶銀兩百萬兩都發往前線。戶部撥出四百萬兩不夠用，又讓各省迅速調運餉銀。一千一百萬兩的軍費開支，真讓守財奴道光心痛到家。

到了道光八年（一八二八年）六月，長齡回到京城。對於立下大功的長齡及眾將領，道光決定好好犒勞一番，在萬壽山玉瀾堂擺下盛宴招待。此次招待眾功臣，道光還

算大方，有酒有肉，不再是豬肉大滷麵一碗。可長齡等人入座後才發現，皇帝的慷慨不過就是多了幾碟小菜。長齡是文官，吃起來還算斯文，武將們吃飯狼吞虎嚥，三兩下就吃光了菜。沒了菜下酒，眾人面面相覷，只好一杯杯的乾喝酒。

道光為何如此摳門？在倫敦出版的普魯士傳教士郭實臘所著《道光皇帝傳》一書有所描述：「在皇子時代他非常貧窮，因為他的父親嘉慶皇帝的錢袋就是空的，因此他養成了拮据度日的習慣。」做了皇帝之後，道光發現，國庫中還是空空如也，既然不會開源，道光也只能節流了。在評介道光時，郭實臘展示了扎實的毒舌功夫：「他沒有帝王的天賦，他可以成為一個光彩奪目的誠實農婦，在任何方面都具有農婦可靠的品質，但是缺乏帝王所需的明晰的洞察力。」

道光二十五年（一八四五年）五月初八，道光帝的女兒出嫁。葛朗台（按：《歐也妮．葛朗台》書中的重要人物，是位守財奴）嫁女兒，也得風光一下。當日御膳房做了豐盛的宴席。格格、額駙被賞賜飯菜各一桌，每桌有：

- 大碗菜二品：燕窩福在眼前金銀鴨子、萬年青蜜製奶煮。
- 中碗菜四品：燕窩如意肥雞、雙喜字鴨羹、肥雞鑲長生菜、芙蓉雞。

● 懷碗菜四品：燕窩鴨條、雞皮溜海参、鹿筋火腿、鮮蝦丸子。
● 碟菜四品：燕窩拌雞絲、碎溜小雞、炒麵魚、芸扁豆炒肉。
● 片盤四品：掛爐鴨子、掛爐豬。
● 餑餑四品：喜字黑糖油糕、喜字白糖油糕、喜字豬肉餡饅頭、喜字澄沙餡饅頭。
● 燕窩福壽湯、燕窩八仙湯。

道光二十六年（一八四六年）正月十五，這天道光帝在圓明園慎德堂與妃嬪們一起用家宴。有燕窩白鴨絲、三鮮肥雞火鍋、火腿白菜、口蘑鍋燒鴨子、白湯豬肉絲燉黃花菜、汆羊肉、豬肉絲湯、豆腐片湯、雞皮燉凍豆腐、炒鍋渣泥、雞蛋炒肉、鹿尾片盤、燀（按：半蒸半煮將食物煮熟的烹調手法）豬肉片、竹節卷小饅頭、棗條白糕、金葵花盒小菜等，隨送豬肉絲片湯、粳米乾膳、鴨子粥。

當日的宴席算得上豐盛了，其中並沒有什麼山珍海味，倒是豆腐片湯、雞皮燉凍豆腐這類家常菜，更適合道光帝的口味。至於汆羊肉這道菜，乃是將羊肉片放入鍋中汆熟，再倒入調味料攪拌後食用。

道光懷著羞愧之心，長眠於清西陵

道光二十九年（一八四九年）十二月，皇太后病逝。道光是個大孝子，痛不欲生，親自為太后守孝。皇帝守孝也得遵照禮制，住草泥搭的倚廬（按：守喪者住的草房），蓋草席子，睡草枕頭，喝稀飯。在北方寒冷天氣之中，道光堅持了沒幾天就一病不起。

道光三十年（一八五〇年）一月十三日，道光知道自己不行了，讓定郡王載銓及軍機大臣五人，御前大臣怡親王載垣、鄭親王端華，科爾沁親王僧格林沁三人，內務府大臣步軍統領尚書文慶共十人，打開裝有皇儲人選的密匣。匣子打開後，讓所有人驚訝的是，匣內竟然有兩道諭旨，分別立皇四子奕詝為皇太子、皇六子奕訢為親王。

道光死後葬在清西陵。他原先在清東陵寶華峪建了萬年吉地，但陵墓建成後不久，便因浸水而被夷為平地。道光十一年（一八三一年）後，又改在清西陵龍泉峪重建地宮。道光在其他方面很節省，對自己的地宮卻出手闊綽。據軍機大臣潘世恩查驗，寶華峪鑄造的九根銅管扇就用去銅六萬餘，耗費無數。修第二座地宮時，正是財力最為窘迫時，不得不有所收斂，「一概俱從簡約」。雖然如此，由於兩建一拆，道光在陵墓上的開銷，實際上超過了任何一座清代帝王陵。道光頗有自知之明，他知道自己在此衰敗之世的表現愧對祖宗、愧對天下百姓。他在遺詔中下令，不得在陵墓前建造歌功頌德的聖德神功碑亭及石像生（有文臣、武將、馬、象、獅、駱駝等立像各一對）。

道光留給他兒子咸豐的是一座即將爆發的火山。這是三千年未有的巨變的時代，廣西山野間，在洪秀全的帶領下，拜上帝教教徒們已按捺不住，隨時準備衝出山野，開創一個全新帝國，而西方列強的巨艦利炮，橫亙於國門之外，伺機而動。

5 慈禧的壽膳房，能做四千種菜餚

一個文靜清秀，有些膽怯，身體有點虛弱的四歲男童，被從父母身邊強行帶入皇宮。他用驚恐不安的眼神打量著這個陌生的世界，他的一生，都將與此相連。他將經歷無盡的榮辱悲歡、人世變遷。這小童，就是大清國的小皇帝光緒。

光緒自幼體虛，入宮之時，剛經歷喪子之痛的慈禧對他愛憐不已。光緒吃飯時常淌著鼻涕，慈禧親手擦拭，親自餵飯。小皇帝睡在慈禧的寢榻上，每逢天氣變化，慈禧為他悉心加減衣裘，增減飲食。小皇帝膽小，一聽到雷聲就大哭，需要慈禧溫言安慰。親情之外，慈禧也有著嚴苛的一面。年幼的光緒讓她稍不滿意，就罰令長跪，讀書稍有鬆懈，動輒加以訓斥。長久之後，光緒見慈禧如見獅虎，戰戰兢兢。小皇帝本有口吃毛病，見到太后常連話也說不出來。對慈禧，光緒是又敬又畏，他活在慈禧的陰影中，不敢違逆她的心意。

光緒七年（一八八一年），慈安太后去世。慈安在世時，對光緒帝多有關愛，太監也不敢過分怠慢小皇帝。慈安死後，宮中太監對光緒帝身前的幾樣菜餚，多是敷衍了事。光緒帝吃膩了這些菜餚，提出更換菜單，太監們就跑去找慈禧告狀。然後慈禧開始教育光緒，要勤儉度日。

自光緒親政後，慈禧雖然退居頤和園，但仍然執掌權力，「皇上雖有親裁大政之名，而無其實，一切用人行政皆仍出慈禧之手」。光緒事事均受到羈絆，每月要到頤和園請安五、六次。到頤和園請安，坐轎每次單程需要三個小時，耗時頗多。每日的奏章，光緒閱後也都要送給慈禧過目。朝野大政，重要的人事任命，仍由慈禧控制。

慈禧有著無與倫比的權力欲，無限的權力能滿足她無上奢華生活的需要。慈禧喜歡享受、熱鬧。光緒大婚前，她就給自己選好了養老的場所——頤和園。光緒十四年（一八八八

頤和園，清朝的皇家行宮和大型皇家園林。（圖片來源：維基百科，Bundesarchiv, Bild 116-127-102 / CC-BY-SA 3.0。）

年）頤和園動工，光緒二十一年（一八九五年）年完工。依中國歷史學家范文瀾在《中國近代史》的說法，重建頤和園花了三千萬兩銀子。據當代學者考證，實際數目在一千兩百萬兩至一千四百萬兩之間。此外慈禧修建陵墓，所耗費用也不比頤和園的花費小。

慈禧吃飯，連皇后也得站著伺候

在飲食上，慈禧也格外講究。慈禧的壽膳房中，有爐灶五十四座、廚子五十四人、下（助）手五十四人、雜役四十人、總管一人。膳房能製作的菜餚頗多，一說在四千種左右，點心四百餘種。

慈禧用餐時講究排場，親信太監立於院中，持黃色食盒進，其中可放置兩大碗四小碗，碗皆黃底，其上或是龍紋，或是壽字。每次進膳，陳列的菜餚總數約一百五十品，列成長條，大碗小碟相間排列。另有兩張小桌子放置果盤，均是糖蓮子、瓜子、核桃等乾鮮果品，供餐後消遣。慈禧每頓正膳，太監們排隊將菜餚傳送到慈禧面前，如果慈禧要吃，看一眼示意即可，不吃的撤下，賞給他人。慈禧的食慾很好，每次用膳之後，都要在御花園中散步。如果覺得微餓，就讓太監取來輕便小爐灶，當場烹調。

慈禧的小廚房也稱西膳房，西膳房的首領太監姓謝。謝太監的弟弟謝二，善於製作燒賣，得到慈禧的賞識。西膳房中名廚頗多，如廚師王玉山，擅長烹炒，被慈禧稱為抓炒王。廚師張永祥精於製作釀豆芽、釀扁豆等菜，很受慈禧青睞。西廚房還額外招募一些廚師，如宮外有名小販，以製作芸豆卷而聞名，被召入宮中，專門為慈禧服務。

慈禧喜歡的菜餚有清燉肥鴨、燒豬肉皮、櫻桃肉、清燉鴨舌、清燉鴨掌、西瓜盅等。慈禧喜歡的點心有窩窩頭、飯捲、油炸糕、燒賣、炸三角等。這些菜點中，很多是尋常食材，但製作起來卻不簡單。

饗鈴是慈禧最愛吃的一道菜，它用帶皮的豬肉，切成一方一方的小塊，然後放在豬油裡煎炸，將肉皮煎脆。櫻桃肉，選用上好的豬肉，切成棋子一般大小，加上調味料，與新鮮的櫻桃一起置於白瓷罐內，裝入清水，在文火上慢慢煨上八、九個小時，等肉酥爛後，櫻桃的香味也煮出來了。櫻桃肉是慈禧晚年最愛的菜餚之一，這道菜的湯也是美味絕倫；清燉肥鴨，將鴨子去毛去內臟，加上調味料，裝在瓷罐內，罐內裝一半清水，將罐口封好，放在盛水的鐵鍋中，以文火蒸上三天，鴨肉完全酥軟，入口即化。這道菜中，慈禧最愛吃的是鴨皮，認為它是最精華的部分。

慈禧喜食的麵點有窩窩頭、飯捲、油炸糕、燒賣等。慈禧特別愛吃炸三角，用芝麻醬、水、麵粉一起攪拌好，再將肉切成碎末，加上蝦米、口蘑、火腿等，用太白粉攪拌成餡，將麵擀成麵片，切成兩片，然後將切口捏死，裝入餡，捏成三角形，用油炸酥即成。日常膳食中必備粥，有五十餘種之多，稻粱菽麥無所不有，故每餐所耗輒需百金。

慈禧有時也會心血來潮想吃一些食物。一次慈禧要吃蘿蔔，御膳恰好沒有蘿蔔，於是御膳房立刻購入，將蘿蔔放在火腿湯中，配上嫩筍和細薑芽煮熟後進呈。慈禧太后晚年，不時咳嗽，選大梨切成塊，用蜜浸漬，用來止咳。

慈禧對食物很挑剔，宮廷御廚們不得不在菜餚上創新，如將豆芽菜挖空，塞入肉末蒸熟；如將蘇造肉與熟鴨蛋一起蒸熟。其實將豆芽菜鏤空，以雞絲、火腿滿塞之，早在嘉慶朝時，已在民間風行。夏季，慈禧喜歡吃西瓜盅。將西瓜的果肉挖去，將切好的雞丁、火腿丁、新鮮蓮子、龍眼、核桃仁、杏仁、松子裝進去，再將瓜皮蓋好，用文火燉上四、五個小時，進給慈禧享用。

慈禧用完膳，方命皇后、妃嬪等開始吃，只是只能站著吃，也不得言語。向來慈禧吃飯，其他人要在一旁站著伺候，哪怕是皇帝也得如此。光緒十七年（一八九一年），宦官李連英的妹妹進宮，慈禧讓她坐在下面陪著吃飯。此日恰巧醇親王的福晉入宮，慈禧沒辦法，讓她也一起入座陪著吃飯。醇親王福晉很震驚，不敢入座，慈禧只好向她解釋道：「漢人姑娘腳小，不能久站，妳不入座，她也不敢入座。」醇親王福晉只好入座相陪。

庚子之後，慈禧時常邀請西方駐華公使的夫人們入宮。宮廷宴會上，慈禧看到西方人喜歡吃水果冷飲，也跟著效法。對西方器物的喜好，慈禧絕不落後於時代。她曾經讓美國女畫師入宮，花了一年時間幫她畫了兩幅油畫。看到汽車她很喜歡，想坐坐嘗個新鮮。她去清西陵祭祖，還特意命人修了條鐵路，方便她坐火車過去。光緒三十四年（一九〇八年）慈禧大壽，她忘記自己已是七十老嫗，心情大好，扮觀音、遊湖上、吹涼風、吃水果，到晚間就開始鬧痢疾，十二天後死去。

6 辛亥革命，變了末代皇帝的口味

清代宮廷菜餚，在外人看來是那麼神祕，讓人口水四溢又好奇。清人記錄宮廷御膳的詩中寫道：「松花糟蟹燒羊肉，小盞旋斟佛手釀。止渴梅湯冰振久，馳名無過九條龍。」、「理藩院裡山雞熟，御膳房中奶餅酥。嫩滑只疑羊肚菌，軟烹百葉味尤腴。」松花糟蟹、燒羊肉、山雞、奶餅酥，無一不充滿了誘惑。可對於皇帝來講，宮中的飯菜並不是誘惑，而是負擔。

慈禧、光緒駕崩後，隆裕成為皇太后，也成為朝中最有權勢的人。隆裕的一生很不幸福，光緒帝對她沒有絲毫感情。據葉赫那拉氏後代回憶，隆裕後來曾自述，大婚當夜，光緒對她大哭：「姐姐，我永遠尊重妳，可是妳看，我多為難啊。」大婚後，光緒堅持不與隆裕同房，因為從各方面他都無法接受隆裕。隆裕性格木訥，長得也不是特別可人。據當時出入宮廷的西方人記述，隆裕不愛看書，對宮中禮法也不甚熟悉。玉樹臨風的光緒極為厭惡她，太監李長安回憶：「光緒帶著一群太監，穿過皇后住處時，光緒便命太監用力踏地作響而過，並以自己養的哈巴狗往皇后的簾子上小便為快事。」

慈禧臨終時指定載灃為監國攝政王，遇有重大事件，必須請皇太后懿旨，也就是由隆裕定奪，這也是她留給自己侄女的最後一份禮物。隆裕沒有慈禧的手段，沒有慈禧的權力欲望，她一生沒有任何的愛情滋潤，沒有子嗣，世間一切美好的東西，似乎都與她絕緣。每每年幼的溥儀給她請安，她都忍不住要流淚，既是為自己的一生傷心，也是為這個幼童的純真而開心。

溥儀十二歲時。（圖片來源：維基百科。）

皇帝御膳，比不上妃嬪們的膳房

溥儀被過繼時，是過繼給同治帝和光緒帝二人，「承繼同治，兼祧光緒」。可問題也很複雜，光緒帝遺留下了隆裕皇后與瑾妃，同治帝則留下了三個妃子，分別是瑜妃、珣妃和瑨妃。溥儀在名義上，有五個母親，可清代宮廷規矩是，「皇子稱母后為皇額娘，妃嬪不能當也」。溥儀只能稱隆裕為皇額娘，可他又是同治帝的正統繼子，兼祧光緒。同治帝的三個妃子，一度曾與隆裕發生爭執，但終究還是鬥不過隆裕皇太后。

溥儀三歲入宮，雖是幼童，但一切供應都照皇帝的待遇來。日常膳食，每日兩餐，比較固定，早膳在早上六、七點，晚膳是下午兩點左右。平日吃飯時，早膳用克食（按：麵點類食物）兩桌，餑餑五品、菜兩碗、奶子一品，共一桌，盤肉四盤一桌。早膳後，再上燻肘花一品、小肚（按：豬膀胱）一品、燒餅一品、粥三品、小菜四品等。晚膳用燻肘花一品、小肚一品、燒餅一品、發麵火燒（按：以麵粉為主，佐以花椒、五香粉，小火烤成的一種餅）一品。從保留下的菜單中能看出，清宮菜單的樣式雖多，但常年不變，如燒餅、發麵火燒、燻肘花、小肚、餑餑這些家常食物，每日都會出現。

御膳房每日裡照常開火，給溥儀擺上幾十種飯菜，可這些飯菜只是走個形式，擺個排場。年幼的溥儀所吃的食物都是隆裕太后送來的。如宣統二年（一九一〇年）十二月初四，「皇太后賜萬歲爺早晚膳葷菜各五品，餑餑各七品，粥各二品」。溥儀回憶道：「太后或妃嬪們有各自的膳房，用的是高級廚師，做的菜餚味美可口，每餐總有二十來樣，這是放在我面前的菜。御膳房做的都遠遠擺在一邊，做個樣子而已。」到了太后、太妃們生日時，溥儀也會命御膳房的廚師做一些飯菜去孝敬。這時御膳房會賣力做些拿手菜，不敢敷衍。

溥儀當時畢竟是小孩，在宮中吃御膳吃得生厭。一次在宮中偶爾看到一盤栗子，立刻抓起來就咬，差點把牙咬下來。太監們於是給他剝栗子，溥儀吃得不肯甘休，把小肚皮也吃脹了起來，飯也不肯吃一口。隆裕知道後，囑咐此後只許溥儀吃稠米粥，吃得溥儀想嘔吐。不久之後，溥儀在宮裡玩耍，看到有個屋內放了食盒，是宮外各王府送來的貢品。溥儀興奮的打開一個食盒，發現裡頭是蹄膀，抓了一個就啃。太監們汲取上次的教訓，立刻把蹄膀搶了回來。溥儀又哭又鬧，要吃蹄膀，太監們無奈，立刻將他抱走，方才作罷。

清末的年夜飯，菜熱人冷

宣統二年（一九一〇年）十二月除夕，溥儀在翊坤宮進早膳。早膳擺了菜二十八品，此外還有碟菜片盤二品、大碗菜四品、懷碗菜四品、碟菜六品、片盤二品、餑餑四品，另有火鍋二品，分別是：金銀奶豬、口蘑爛鴨子。

到了晚上，溥儀在養心殿進晚膳，有各類菜餚二十九品：口蘑肥雞、三鮮鴨子、五柳雞絲、燉肉、燉吊子（按：以豬腸、豬心、豬肚、豬肺燉製而成的菜餚）、肉片燉白菜、羊肉片湯，後送野意火鍋、燉五香羊肚絲、羊肉片燉蘿蔔、黃燜羊肉、肉絲燉菠菜、羊肉片燉凍豆腐、咯嗟英豆芽、鴨條溜海參、鴨條溜脊髓、鴨丁溜葛仙米、黃花煎丸子、肉丁燜咯嗟英、肉片燜冬筍、炒肉末、小肚韭黃炒肉、山雞丁炒醬瓜丁、炒雞蛋花、炸春捲、燻肘花、燻肝、八寶果羹、臥雞果（按：芭樂）、滷煮豆腐、煮雞果、炒鹹食、花椒油青炒咯嗟英、青椒炒豆干、五香豆腐乾。

晚膳中，出現了三處「咯嗟英」搭配的菜，如咯嗟英豆芽、肉丁燜咯嗟英、花椒油青炒咯嗟英。咯嗟英應是咯嗟纓。醃蘿蔔、醃水咯嗟與醃咯嗟纓，是北京地區民間最常見的食物。此外還有碟菜片二品、白煮雞肘子一品、銀蒸燒肥雞一品、餑餑二品、石榴饅頭一品、糖三餃（按：似包有紅糖的饅頭）一品及幫助消化的小食。

湯膳類有隨送元寶湯、老米膳、旱稻粳米粥膳、粳米豇豆綠豆粥、豆腐漿粥、玉米仁粥。火鍋有二品，分別是野意鍋子、蘋果燉羊肉。大碗菜四品：燕窩洪字三鮮鴨子、燕窩福字口蘑肥雞、燕窩萬字金銀鴨子、燕窩年字五柳雞絲。大碗菜四品：燕窩白鴨絲、大炒肉燉海參、口蘑溜魚片、肉片燉榆蘑。碟菜六品：燕窩拌燻雞絲、青筍、晾肉胚、小蔥炒麵、魚肉片、燜玉蘭片。所謂玉蘭片，乃是醃製的冬筍，今日各地仍產此物。小吃有：炸八件（按：炸雞）、燻肘花片二品、掛爐豬、掛爐鴨子、餑餑二品、白糖油糕、苜蓿糕，蘋果、饅頭、如意卷、燕窩三仙湯。這些菜餚，溥儀稍微吃一些後，賞給了內殿總管謙和、諳達張得安、代班小太監等。菜雖然多，可與慈禧時期除夕夜的熱鬧光景比起來，這一年的除夕已冷清很多。

辛亥革命，帶進西式文化與飲食

宣統三年（一九一一年），辛亥革命爆發後，隆裕對外界的一切都毫無感覺。當南北兩方代表反覆磋商，開價四百萬兩，達成清帝退位的協定，隆裕也無所謂。這麼多銀兩，足夠維持她在宮中的奢華生活。清室退位之後，在紫禁城的小朝廷中，隆裕的一切待遇照舊，由中華民國來供養她。宣統五年（一九一三年）二月十二日下午兩點半，隆裕因病逝世。據說隆裕去世前，指了指小皇帝溥儀，對著前清王公大臣們說：「他太小，你們不要難為他。」當時的中華民國各政府機關下半旗，並由中華民國承辦了一場盛大國葬。隆裕去世後，由還活著的四位太妃繼續送菜給溥儀。

溥儀長大之後，口味也漸漸開始改變。他喜歡吃野味，特意設置了烹調野味的膳房。溥儀也喜歡吃宮外的菜，特別喜歡紫禁城周邊西北角樓下的城隍廟內，一家鋪子裡的蘇造肉與火燒。溥儀要吃蘇造肉時，御膳房就派人到鋪子裡買。宮裡的太監們也很喜歡吃。蘇造肉鋪子生意興隆，五個夥計中，有三個專門往宮裡送貨。

溥儀的英文老師莊士敦進入紫禁城後，受他的影響，溥儀生活開始西化，對西餐產生了興趣。民國十一年（一九二二年）十二月，溥儀結婚了，妻子婉容是過慣了西式生活的女子，喜歡看電影、吃西餐。婚後第三天，溥儀特意舉辦了一場西式酒會，招待前來祝賀的各國駐京使節。次年，溥儀在宮中開設了番菜廚房，專門製作西餐，又將御茶膳房裁撤，設立野意膳房，負責中餐。野意膳房高薪聘請了兩名大廚鄭大水、宋登科，每日列出菜單，由溥儀挑選出幾樣菜來，然後再烹製。這樣節省了人力和食材，也提高了菜點的品質。

以早膳為例，有清湯銀耳、爐肉

莊士敦（左）、溥儀妻子婉容（中），及婉容的家庭教師伊莎貝（右）。（圖片來源：維基百科。）

熬冬瓜、炒三冬、鴨條燴海參、葛仁燴豆腐、紅燒魚翅、炮羊肉、燴酸菜粉、鍋燒茄子、紅燒鱖魚、炒黃瓜醬、乾炸肉、羊肉燙白菜、大豆芽炒咯噠英、熱湯麵、黃燜雞、木樨湯（蛋湯）。熏菜有：蹄膀、熏肝。點心、粥類有：豬肉饅頭、烙餅、戧面饅頭、包金卷、紫米膳、白米膳、小米膳、甜油炸果、粳米豇豆粥、玉米糝粥、小米粥、香稻米粥。

民國十三年（一九二四年），溥儀被馮玉祥從紫禁城驅逐出來後，跑到天津隱居，他在天津設立洋膳房，專門為他做西餐。有時他也會與婉容一起到天津租界內利順德、起士林飯店去吃西餐，他尤其喜歡起士林的點心、奶油蛋糕、三明治和各種甜點。

第2章

為了收買人心而設的宮廷宴席料理

1

宮中過年：禮樂起、賜轉宴、上酒膳、吃小元寶

中國人過新年，最講究的是年夜飯，皇家也不例外。每年的除夕，對皇帝來說，也是有特殊意義的一天。清代宮廷之中，日常每日兩餐，比較固定，早膳在早上六、七點，晚膳是下午兩點左右。平日裡，皇帝一個人單獨用膳，如果傳某個妃嬪陪膳，那就是得寵的標誌。忙碌了一年之後，到了除夕當日，皇帝要聚集妃嬪，一起進餐，以示闔家和睦，團團圓圓。以乾隆四十八年（一七八三年）除夕為例，當日早上，七十三歲的乾隆帝與妃嬪一起共進早膳。因為已是古稀之年的老人，故而在餐桌上擺了些有長壽寓意的菜色。

乾隆帝的早膳極為豐盛，有蔥椒雞羹熱鍋、口蘑鍋燒雞熱鍋、燕窩掛爐鴨子、掛爐肉熱鍋、蘋果山藥酒燉鴨子、酒燉萬字肉、托湯鴨子、羊肉絲、清蒸鴨子、鹿尾攢盤、竹節卷小饅頭、年年糕、番薯、各式小菜。早膳的主食有肉絲麵、餑餑、奶子等，此外

還有乾溼點心八品一桌、肉兩桌、羊肉一桌，供皇帝取用。琳琅滿目的菜餚點心，皇帝肯定是吃不完的，很大一部分賞給臣子們吃，以示籠絡，對臣子而言，這是一份榮耀。雖然是皇室家宴，可也等級森嚴，皇帝單獨享用，妃子則用條桌六張，在一旁吃，至於菜餚點心之類，自然不能與皇帝的相比了。

到了除夕中午，御膳房開始忙碌起來，在乾清宮殿內擺設除夕的晚膳。說是晚膳，其實下午兩點就開始。當日乾清宮中，擺了一張金龍大宴桌，桌上所用餐具均是銅胎掐絲琺瑯（按：景泰藍）。金龍大宴桌與皇帝的寶座間設一長几，菜點擺在大宴桌上，皇帝吃時，由專人取到長几上。

年夜飯要吃得秩序，不可隨便

金龍大宴桌的擺放極為講究，總計有八路，六十三品菜餚，此外還擺放了蘇糕、鮑螺四座，餐桌兩邊擺放各類水果，東西兩邊還有奶子、小點心、爐食、敖爾布哈（奶餅子）、雞肉餡包子、米麵等食物。鮑螺即泡螺，是將乳酪與蔗糖煎熬後，用模子加工成螺形的食物。《金瓶梅》六十七回對此也有描寫，「送來了兩盒點心，一盒是酥油泡螺。應伯爵先搶了一個吃，又讓溫秀才吃，云：『吃了牙老重生，脫胎換骨。眼見稀奇物，勝活十年人。』溫秀才呷在口內，入口即化。」這種食品，明代就在蘇州流行。《（正德）姑蘇志》中載：「牛乳出光福諸山，田家畜乳牛善餉以芻豆，取其乳，如菽乳法點之，名乳餅，可以致遠。四方貴之別，點其精者為酥，或作泡螺。」至於蘇糕，也是來自蘇州的糕點。

妃嬪分東西兩邊設桌，東邊愉妃、惇妃，頭桌宴一桌。婉嬪、誠嬪，二桌宴一桌。林貴人、明貴人，三桌宴一桌。西邊穎妃、順妃，頭桌宴一桌。循嬪、十公主，二桌宴一桌。祿貴人、白常在、鄂常在，三桌宴一桌。陪同用膳的臣子，另外單獨設六桌。每桌有高頭五品、群膳十五品、乾溼點心四品、銀碟小菜四品。所謂高頭，也就是各種點心堆高擺設，作為看盤。

下午三時二刻，熱宴在大餐桌上擺好後，在禮樂聲中，乾隆帝先落座，然後妃嬪們方才入座。吃飯時，先給皇帝獻上湯膳，用一對雕漆飛龍宴盒裝了送過來，左一盒有紅白鴨子大菜湯膳、粳米乾膳，右一盒有鴨子鴨腰湯、豆腐湯。左右兩盒，寓意成對吉祥。然後給妃嬪們送湯膳，只是標準減半了，每位只有粳米膳一品、羊肉臥蛋粉湯一品，且依照地位，分別送上。湯膳結束，樂止，開始演戲，然後送上奶茶，奶茶送好，將茶桌撤下，進入「轉宴」環節。所謂轉宴，就是將金龍大宴桌上陳設的各種菜點，先送到皇帝面前的長几上。皇帝嘗了後，再依照順序，送到各個妃嬪桌上，象徵闔家共用。轉宴主要是轉菜，桌上的花瓶、筷子、叉子、看盒則不轉。

轉宴之後，送上皇帝的酒宴，一桌四十品，擺五路，每路八品，分為五對盒進上。皇帝頭對盒進完，二對盒上來的同時，也開始上妃嬪和六桌來賓的酒宴，待遇照例下降，每桌十五品，菜七品、果子八品。吃完酒宴，果茶飲畢，在奏樂聲中，皇帝起座離席，宴席結束。之後皇帝還會駕臨養心殿東西佛堂拜佛。宴席之後，乾隆帝下旨：將大宴一桌，賞給蒙古親王及滿漢大臣。

宮中年味不比民間，只有煩瑣的禮儀

由菜單可以看出，清宮中的膳食很豐盛，但並不奢華。菜餚以雞鴨等家禽為主，同時輔以東北的鹿肉、狍子等各種野味，至於主食則是各種餑餑。民間家常菜餚如豆腐、豆汁兒、拌黃瓜之類，不時會出現在清宮的餐桌之上。至於宮廷之中的掛爐鴨、掛爐豬，在日後則演變為滿漢席中的必備大菜。

乾隆帝不大喜歡吃魚蝦，對於山珍海味之類更是沒有興趣。乾隆在避暑山莊時，朝鮮國獻上了一堆珍稀海鮮，太監們偷偷收下。乾隆帝知道了，就問太監們收了何用。太監們也有理由：「留著萬歲爺回京賞人用。」當代一些飯館，端出各種「乾隆御宴」，隆重推出所謂的全鱔席、魚翅海參等，則是背離了歷史真相。

晚膳過後，還有很豐盛的宴席。下午六時三刻，太監命御膳房送上酒膳，擺酒膳一桌，吉祥盤一品、果子八品、菜六品、捶手（按：清宮中的一種小吃。具體為何，已不可考）四品。皇帝用好酒膳後，送上保存好的八月十五月餅一個（重十斤），切分，皇帝吃一些，剩下的賞給阿哥格格們。

在整個正月裡，皇帝有各種安排，吃也是其中重要一環。對皇帝來說，過新年並不能好好休息，反而忙碌無比，成為一種負擔。吃的過程中的煩瑣儀式才是核心，吃反而成了次要內容。就算是凌晨吃一次煮餑餑，都要經過一系列煩瑣的程序，且必須吃到小元寶。碰到個倔強的皇帝，如同治帝，還可以安排身邊的小太監幫忙吃掉。如果是軟弱的光緒帝，只好默默承受。皇宮中的一切，缺乏溫情，豐盛的大宴、權力的集中，並不能提高皇帝們的歡樂指數。說起來，還是市井百姓的生活，更具濃厚的年味和人情味。

2 四次千叟宴，國力大展現

千餘白鬚飄飄的老人，雲集在宮殿內外，在禮樂聲中，他們恭敬的為皇帝陛下祈福後落座。一些老人可能是人生中第一次來京城，第一次進皇宮，對於這皇宮中的盛宴，他們充滿了好奇與期待。在規模宏大的千叟宴上，老人們將吃到什麼美味？

滿清入關之後，接納並推崇華夏文化，以籠絡士人，安定天下。順治帝祭孔子時，給孔子加上「至聖先師」等封號。到了康熙帝，則親赴曲阜祭孔，並根據儒家學說，頒發《聖諭》十六條，作為民眾的行為準則。至康雍時代，看起來國泰民安，四海升平。清室大力推行孝道，尊崇老人。康熙四十二年（一七〇三年），朝廷規定：百歲老人，可以賜銀建坊，並賞給「生平人瑞」匾額，老婦壽至百歲，建坊懸匾，與命婦同。為了顯示尊老，顯示大清的安康富庶，在清代歷史上，先後辦了四次招待老年人的千叟宴。四次千叟宴，分別是在康熙五十二年（一七一三年）、康熙六十一年（一七二二年）、乾隆五十年（一七八五年）、嘉慶元年（一七九六年）。

康熙五十二年（一七一三年），此年恰逢康熙帝六旬大壽。康熙帝登基後，平三藩、收臺灣、定準噶爾，與民休息，整個國家實力得以恢復，到了他的晚年，大清國更是蒸蒸日上。各省的文武官員、士紳、平民中的老年人，為了表達對康熙帝的感謝之情（其中自然有拍馬討好的成分），紛紛「自發」組織，於此年二月下旬分批抵京，為康熙帝祝壽。許多老人不顧年老體衰，跋山涉水，數千里匍匐而來。面對此情此景，康熙帝大受感動，決定萬壽慶典後舉行千叟宴，答謝前來祝壽的各省老人。

三月二十五日，康熙帝萬壽慶典後第七天，在暢春園正門舉辦千叟宴，列席者是入京祝壽的六十五歲以上老人。與席者主要是各省文武官員、各地士人及庶民。其中年九十歲以上者三十三人，八十歲以上者五百三十八人，七十歲以上者一千八百二十三人，六十五歲以上者一千八百四十六人，總計四千兩百四十人。過了三日，又在暢春園正門宴請六十五歲以上的滿漢蒙文武大臣、護軍、兵丁、閒散人等，有兩千六百餘人列席。

康熙六十一年（一七二二年），時值康熙帝登基六十年，年滿六十九歲，遂決定在此年正月舉辦千叟宴。此年正月，分兩次在乾清宮前設宴，列席者有滿、蒙、漢軍文武大臣、官員及致仕黜退（按：致仕，主動辭去官職；黜退，即被罷免官職）人員。列席者的老人年齡均在六十五歲以上。席上，康熙帝回顧自己一生，無限感慨，即興賦《御定千叟宴詩》一首。這年的千叟宴中，有一少年列席觀禮，這就是康熙的孫子弘曆，未來的皇帝乾隆。千叟宴的規模與氣勢，給少年弘曆留下了深刻印象，日後他也將效法祖父，舉辦規模更為浩大的千叟宴。

乾隆請客，高齡一百零五歲老人赴宴

時間到了乾隆四十九年（一七四八年），這年乾隆帝三喜臨門，年過七旬的他添了五世元孫，次年是他登基五十週年，又逢《四庫全書》編撰完畢。乾隆帝發布上諭，定於來年正月舉辦千叟宴。乾隆五十年

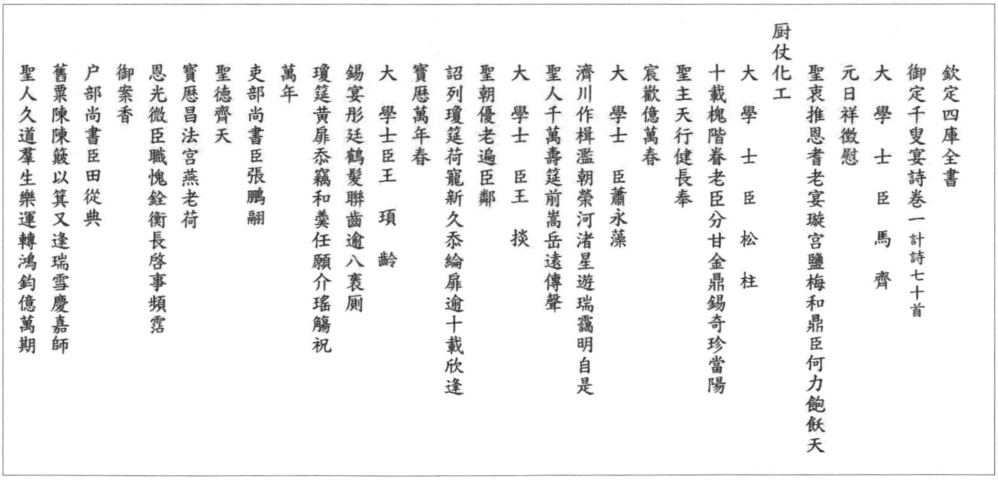
欽定四庫全書
御定千叟宴詩卷一 計詩七十首
大 學 士 臣 馬 齊
元日祥徵慰
聖衷推恩耆老宴璇宮鹽梅和鼎臣何力飽飫天
廚仗化工
大 學 士 臣 松 柱
十載槐階眷老臣分甘金鼎錫奇珍當陽
聖主天行健長奉
宸歡億萬春
大 學士 臣蕭永藻
濟川作楫濫朝榮河渚星遊瑞靄明自是
聖人千萬壽筵前嵩岳遠傳聲
大 學士 臣王 掞
聖朝優老遍臣鄰
詔列瓊筵荷寵新久忝綸扉逾十載欣逢
寶歷萬年春
大 學士臣王 頊 齡
錫宴彤廷鶴髮聯齒逾八袠厠
瓊筵黃扉忝竊和羹任願介瑤觴祝
萬年
吏部尚書臣張鵬翮
聖德齊天
寶歷昌法宮燕老荷
恩光微臣職愧銓衡長啓事頻霑
御案香
户部尚書臣田從典
舊粟陳陳籔以箕又逢瑞雪慶嘉師
聖人久道羣生樂運轉鴻鈞億萬期

《御定千叟宴詩》片段。（圖片來源：維基百科。）

（一七八五年），舉國大慶。乾隆帝效法祖父，於乾清宮舉行千叟宴。乾隆五十年的千叟宴，將年齡降低到六十歲，邀請了各地的普通百姓與會，同時邀請了朝鮮等國，派遣年滿六十歲的使節列席。正月初六，宴席在乾清宮舉辦。宴席以品級班列，共八百席，與宴者三千人。王公及一品大員坐於乾清宮內，年滿九十歲的老人也入座於乾清宮內，其餘人均在乾清宮外入席。

福建人國子監司業銜郭鍾嶽，是此次盛會中年齡最大的，已有一百零五歲，他從福建一路趕到京城赴宴。此人也是個傳奇人物，靠活得長而混出了名堂。乾隆四十四年（一七七九年）時，他已九十九歲高齡，還趕到福州參加鄉試，地方官員無不驚嘆，奏報給乾隆帝。乾隆帝看了很高興，覺得是段佳話，就賜給他舉人身分，讓他次年入京參加會試。次年會試時，他已百歲，卻筋骨強健，千里迢迢跑到北京，更連考三場。乾隆帝龍顏大悅，不管他成績如何，破例賞他為進士。乾隆四十九年（一七八四年）時，乾隆帝南巡，他又從福建趕到浙江去迎接。

若郭鍾嶽一般，活到這個年齡，能博得皇帝青睞的人，卻是極少。對於普通百姓而言，能列席千叟宴是無上的榮耀，不但能看皇宮的風景，也能得到各種賞賜，如綢緞、養老銀牌、如意、鳩杖之類。這些物品被仔細保存，傳給後世子孫，既是家族榮耀，也提醒後人要孝敬老人。

嘉慶元年正月，乾隆退位當起了太上皇。嘉慶帝登基後，決定給父皇組織一場盛大的聚會，再舉辦一次千叟宴。乾隆帝曾準備提高參與者的年齡條件，列席者必須年滿七十歲，後來又將年限降低，官員年齡必須在六十歲以上，百姓年齡必須在七十歲以上。此年的千叟宴共八百席，依照東西兩路，相對排開，每路六排，每排最少二十二席，最多一百席。殿內為王公與一品大臣席位，殿簷下左右為二品大臣和外國使臣席，丹墀（古時宮殿前的石階以紅色塗飾，故名丹墀）甬路上為三品官員席，丹墀下左右為四品、五品和蒙古台吉（清代，台吉成為賜予蒙古貴族的一種爵位，分四等，自一等台吉至四等台吉，相當於一品官至四品官）席。此次與宴者三千零五十六人，賦詩三千餘首。此年入宴年紀最大的是熊國沛，年一百零六歲，其次是邱成龍，一百歲，兩人被賞六品頂戴。另有九十歲以上老人八人，賞七品頂戴。

千叟宴菜席，以火鍋為主

為了預備此年的千叟宴，御膳房準備了大量食材，僅鍋子就準備了一百六十口，送菜的服務人員一百六十名。千叟宴每席用玉泉酒八兩，八百席用酒四百斤（按：古代一斤等於十六兩）。千叟宴是欽賜宴席，禮節規定繁多。首先，席位按官職大小嚴格區分；其次，官職不同，菜餚、盛器也不同：

一等桌張（此處的一等桌張是指一等席），擺在殿內和廊下兩旁，每席設火鍋兩個（銀、錫各一）、豬肉片一個、煺羊肉片一個、鹿尾燒鹿肉一盤、煺羊肉烏叉（按：全羊席）一盤、葷菜四碗、蒸食壽意一盤、爐食壽意一盤、螺螄盒小菜兩個，每人烏木箸一副，另備肉絲燙飯。

二等桌張，入宴者為三至九品官員及兵民等，每桌火鍋兩個（銅製）、豬肉片一個、煺羊肉片一個、煺羊肉一盤、燒狍肉一盤、蒸食壽意一盤、爐食壽意一盤、螺螄盒小菜兩個，每人烏木箸一副，另備肉絲燙飯。

傳教士們描述，千叟宴在皇宮內的大廣場舉行，有三千名老人參加，一些年過六十的傳教士也受邀參加。皇帝到來之後，所有人站起身來行禮，皇子、皇孫、皇曾孫都陪同皇帝出席。宴席極為豐盛，包括涮羊肉、烤鴨、雞、豬肉。皇帝興致很高，希望大家將桌上所有東西都吃光，老叟們與皇帝同飲一種酒（玉泉酒）。皇子貝勒們從一桌走到另一桌，為老人布菜、勸酒。皇帝的兒子非常賣力，以至於人們錯把他們當作經驗豐富的侍者。千叟席規模盛大，在菜餚上並未有什麼特別出色的地方，以火鍋涮肉為主，肉類主要是豬肉、羊肉、鹿肉（一等席）、狍肉（二等席），此外還有各種麵點。用火鍋的一重考慮是，舉辦千叟宴是在正月，天氣較為寒冷，老人吃火鍋可以去寒氣。

說起來，火鍋一詞，是在清代方才出現。清代之前，用容器煮肉食是最為常見的烹調手段，從鼎到暖鍋，從青銅到鐵鍋、砂鍋，都可視作火鍋的雛形。南宋林洪的《山家清供》中記載，有個隱士抓了隻野兔，用炭火生起了小火爐，爐上架了湯鍋，然後將兔肉切成薄片，涮了蘸著調味料吃，稱為「撥霞供」。

早在一百多年前，就有火鍋

在關外時，女真人間就流行火鍋。入關之後，火鍋的質地由原先的陶質，發展為銅質、銀質、錫質，食法更趨多樣。清宮之中，火鍋名目繁多，有野意火鍋、三鮮肥雞火鍋、蘋果燉羊肉火鍋、金銀奶豬火鍋、口蘑爛鴨子火鍋、全羊火鍋、什錦火鍋、豆腐酸菜火鍋等。每到冬日皇帝吃飯時，除了各種菜餚外，要另備上一張桌子，專放火鍋。

白肉火鍋是滿人傳統的吃法，先在火鍋中加入酸菜絲墊底，周圍擺上大蝦米、冰蟹、瘦豬肉片、牡蠣、鹹香菜，將片得很薄的熟豬肋肉，整齊放在鍋面上，或者將白肉片捲成筒狀，擺在盤內。蓋上鍋蓋，將燒著的木炭投進炭筒內，待火鍋中湯煮沸後，即可端至席上。此外還要配上韭菜花碟、辣椒油碟、醬油碟、腐乳碟等，供食者蘸食。

野味火鍋的製法：將鍋中添足湯，燒著的木炭投進炭筒裡，再將嫩鹿肉、嫩狍肉、野雞肉、發好的鹿筋、野鴨肉、山雞肉、發好的海參、蝦片、魚片、豬肉片、羊肉片等，投入鍋內煮熟，加入調味料即可食用，也可以用筷子夾各種生肉片涮了食用。其他清宮常用的火鍋，如三鮮火鍋，以豬里脊片、海參片、雞肉片為主要原料；什錦火鍋，以海參、大蝦、雞肉、豬肉、熟白肉、羊肉、干貝、冬筍、冬菇、火腿、白菜心等為主要原料；海鮮火鍋，以各種海鮮為主要原料等。

冬日裡酒家也會備上火鍋，另置雞、魚、羊、豬的肉片，供客人自己涮了食用。京城中還有一種菊花火鍋，據稱宜於小酌。慈禧年輕時在宮外生活，吃過菊花火鍋，入宮後也經常吃。每到秋冬季節，慈禧命人將菊花在溫水內洗淨備用，御膳房端上一個銀製的小火鍋，暖壺裡盛著半鍋雞湯、鴨湯。事先準備好的小膳桌擺好，將火鍋安在桌子中央，然後將切薄的生魚片、雞肉片端上。慈禧親自挑魚片下入鍋中，再投幾個菊花瓣到火鍋中，煮好之後慢慢享用。

到了光緒二十年（一八九四年），此年恰逢慈禧太后六十大壽，京城內外各種呼聲，請求效法康熙、乾隆兩朝的先例，再開千叟宴。只是此年的甲午戰爭，給慈禧太后的生日蒙上了陰影，而甲午戰爭中清軍的慘敗，也使清廷無顏舉辦規模浩大的千叟宴。

甲午戰爭引發了戊戌變法，變法又險些引發政變，慈禧太后一度想廢掉光緒，但面臨壓力較大，就改為立大阿哥溥儁。此事徐桐出力最多。徐桐從翰林起家，同治光緒兩朝，備受慈禧信賴，官至體仁閣大學士。徐桐曾師從理學大師倭仁，學養深厚，名重一時。到戊戌變法時，徐桐攻擊康有為，稱其多行不義必自斃，又稱「寧可亡國，不可變法」。徐桐家在東交民巷使館區，其宅院上貼有對聯云：「望洋興歎，與鬼為鄰。」徐桐不但自己不用西方器物，也不許家人使用。徐桐一直不為光緒帝所喜，有十年未曾入宮。己亥十月，徐桐突然被召入，慈禧太后特別賜給他銀魚火鍋。

犯人上刑場前的最後一餐

在清代，火鍋廣受民間歡迎，不過也有反對火鍋者。如袁枚在《隨園食單》中，高呼要戒掉火鍋。袁枚給出的理由是，冬日宴客用火鍋，對客喧騰，實屬可厭。各菜入鍋一起煮，無法把控各自的味道，且多番爛煮之後，菜味全然改變。不過袁枚在書中，又大談如何用火鍋涮野雞肉之類。在飲食上態度前後矛盾，也是袁枚的一貫風格。

清宮之中，有野意火鍋，走的是野味的路子，這是受關外的影響。在關外，每年入冬之後，居家者多食火鍋。火鍋以銅或錫製成，中為火爐，火力一盛，則四圍之水皆沸，可將生野雞片立時煮熟。如獵戶得了野味，如沙雞（按：一種鳥類）、黃羊、山狍及野牛、野豬、野羊等，經火鍋一煮，佐以椒鹽、薑、蔥等味，乃是關外佳品。說起野雞火鍋，《老殘遊記》卷六中也有記載。那人道：「敝上說店裡飯不中吃，我們那裡有人送的兩隻山雞，已經都片出來了。又片了些羊肉片子，說請鐵老爺務必上去吃火鍋子呢。」野雞鍋底，配上羊肉片，定是爽滑鮮美了。

在某些特定的場合也會吃火鍋，如犯人上刑場之前。光緒十一年（一八八五年）十一月初二，為秋審判處死刑的犯人行刑之日。初一晚上，家屬入獄探監，犯人喜歡看雜耍、戲劇，均可以請入獄中。當夜刑部大牢內高燒紅燭，各種演出，整夜不絕。刑部特意準備了什錦火鍋及酒水，宴請明日上刑場的罪犯。罪犯們彈唱鬥牌，猜枚行令，各盡一夕之歡。東方既白，堂上高唱起犯人姓名，一一綁縛，斬絞男女犯二十餘名。光緒十七年（一八九一年）十一月十六日，為本年判處死刑的罪犯行刑之日。此年有十七起大案，涉案被處死的共有十八名犯人。十五日晚上，刑部給關在刑部大牢內的每個犯人，都準備了什錦火鍋一個，此外有白酒、黃酒及果餚點饌。當夜允許家屬探望，可以點自己想看的戲曲，可以賭博。到了十六日清晨，一起上菜市口刑場。

輝煌的千叟宴，在大清歷史上也不過只出現了四次。品嘗過千叟宴的老人們，對於當日的火鍋感受如何，史料中尚未找到任何記載。而宮廷中的火鍋，也只是局限在宮廷，再美味的食物，必須走向民間，方能長存。

3

祭祀吃白豬肉，滿人特有習俗

滿人很早就開始養豬，在日常飲食中，更是離不開豬。每年年末，滿人要將新宰殺的豬肉裝入缸內，撒上椒鹽醃製，過十幾日後，掛在屋簷下，在陽光下曝乾，稱臘肉。冬至前後，立刻殺豬，放在室外凍起來。因東北天氣嚴寒，豬肉放上兩個月也沒問題。只要是滿人的家中，都養有年豬一口，以備過年。

富人家中，一冬要殺十幾頭豬，以備過年之用。平時捨不得吃肉的窮困家庭，新年時也要殺一、兩頭肥豬，然後大鍋煮肉，大口吃肉。每逢殺豬之日，必互相請客以盡歡，每人吃上一、兩斤豬肉。至於各種祭祀或是重要日子，豬肉更是宴飲中的主角。

在婚禮或是喪事中，滿人要製作豬八樣，利用豬頭、豬肋條肉、豬蹄膀、豬肚、豬肝等，烹製成八種不同的菜餚。至於在年節之時，家家戶戶都要包豬肉餡餃子。餃子包好後，要放在戶外冷凍起來，稱為凍餃子，隨用隨取。

每逢新年或是大喜之日，從宮廷到民間，滿人都要在屋前立一根索羅杆，將此敬為神，求禍福徵兆。《八旗通志》記載，「大內每歲春秋二季，立杆大祭，以打糕搓條、餑餑供獻」。祭祀時，在坤寧宮外東南角，設六、七尺長索羅杆一根，頂端削尖，塗成紅色，距頂端約二尺處，安放一個方形錫斗爐，內裝五穀雜糧。受滿人習俗影響，山東孔府竟也豎起了索羅杆。

滿人祭祀時選用上等肥豬，購買時不能討價還價，將豬宰殺乾淨後放在杆下，請人在杆下誦經，家主跪拜於神杆之下。誦經結束後，將清理乾淨的腸肉掛在杆頭，將豬肉、豬頭、內臟等放入鍋中煮熟，然後請親友入屋，共用食物。每人一盤煮熟的豬肉及豬下水（按：豬內臟），用小刀切食。按滿人習俗，豬肉必須吃光，不能有餘存，也不能送人。到了規定時日，如果祈禱的事情未能如願，則將木杆拔去，棄在郊外。

祭祀豬肉不能剩，也不能外帶

滿洲官員，但凡有財力，春秋祀神時，要請客人一起吃豬肉。吃肉時，在院中設置蘆席棚，地上鋪紅氈，氈上設席。客人到了後，先向主人道賀，然後於坐墊上盤膝而坐，或十人一圍，或八、九人一圍。坐定之後，廚子即將一塊十斤左右的白煮大肉，放在銅盤內獻上，客人用小刀自切自食。客人吃的肉越多，主人就越高興，連聲高呼：「添肉添肉。」宴席上照例只有豬肉，沒有其他菜餚。客人吃好肉後，起來時不盥漱，不道謝，直接出門，主人也不送。《醒園錄》中記錄了白片肉的製作方法：「凡要煮肉，先將皮上用利刀橫立刮洗三、四次，然後下鍋煮之。隨時翻轉，不可蓋鍋，以聞得肉香為度。香氣出時，即抽去灶內火，蓋鍋燜一刻，撈起，片吃食之有味。」

祭神的豬肉不能剩，一定要吃光，吃剩的豬肉則賜給家中僕役分享。滿洲風俗，祭神之肉不得出戶，只能在家內用光。家中僕人如果分得豬肉的，必須吃光。有細心的主人，還派人在門口檢查出門的僕人，看他們口中是否還有沒嚥下去的肉。如果真的吃不完，則燒成灰埋掉。

宮廷之中，到了這個時日，就豎起索羅杆，請大臣們到坤寧宮一起吃豬肉。坤寧宮在紫禁城最後面，明永樂十八年建，清順治十二年重建，將坤寧宮改為祀神之所。「每歲正月、十月，祀神於此，賜王公大臣吃肉。」坤寧宮東北角有一個小間，內有包了鐵皮的大木桌，足有幾張床鋪板大，專門用來殺豬。在大桌後有一個深坑，坑裡放著兩個大石灶，灶有半人高，安放了可以煮整頭肥豬的兩口大鐵鍋。依照薩滿教習俗，祭神時，要選用兩口無雜毛黑豬。毛色純黑無雜，膘肥肉多，稍有殘缺即棄而不用，以此表示獻祭者的虔誠。

祭祀時的儀式

祭祀時，司俎太監（按：掌管祭祀所用祭品的官）等先抬一頭豬入門放在炕沿下，由司俎滿洲屈膝按住豬。司俎官及司俎首領太監內監等，奏三弦琵琶，鳴拍板、拍手，司祝跪於炕沿下。舉行儀式後，司俎滿洲執豬耳，司祝灌酒於豬耳內。以熱酒灌入豬耳，豬受到刺激瘋狂搖頭，稱為領牲，寓意此豬已成為神人之間的媒介。灌好熱酒，三弦琵琶拍板暫止，司俎太監等一起將豬放在錫裹木盆裡，然後再抬第二頭豬入內，依照上述程序，灌熱酒入豬耳。

大桌上的兩頭豬，豬首西向橫放，開始殺豬。每桌前有兩名司俎婦人，舉銀裹木槽盆接血。豬殺好後，從豬首開始，按關節解開，在大鍋內煮，豬頭、豬蹄及豬尾俱不去皮。只是燎毛弄乾淨，一併在大鍋內烹煮。豬臟腑等下水，置於錫裹木槽盆內，在另外房間內整治乾淨後再端進來，放進鍋內同煮。待豬腸皮處理好後，現場灌製血腸，「一人於高桌前，屈一膝跪灌血於腸，亦煮鍋內」。豬肉、豬下水入鍋煮熟，取肩、肋、肺、心等少許，切成丁，置大銅碗中，用於祭祀，稱阿瑪尊肉。

在皇帝、皇后祭祀之前，要跳大神（按：薩滿教的一種儀式），跳完之後，開始獻祭。獻祭之後，君臣分享神肉，也就是白煮豬肉（又稱福肉）。清代宮廷祭祀時，遵循滿人習俗，用清水煮成白肉，不加鹽、醬油，肉色不變，保持原樣，以示對神的敬意與虔誠。康熙、乾隆朝改變了當場宰殺的習俗，改用事先整治好的豬肉祭祀。

坤寧宮薩滿祀神活動，是清宮中最為頻繁的，除了每年兩次春秋立杆大祭外，每天都有祭祀活動。《惲毓鼎澄齋奏稿》中載：「今日坤寧宮吃肉儀制甚詳，並言上每日兩餐必祭，祭畢皆吃肉。有女巫致辭，國語呼為薩滿太太，取民婦承充，每晨乘小鞍騾車直至蒼震門。」

在清宮祭祀中，除了白片肉外，還有一道名菜血腸。血腸是滿人的傳統菜餚，製法是將生豬血過濾後放入碗內，將白肉湯燒熱，將香料攪拌均勻、放涼，然後將湯過濾，與豬血一起加香菜末攪拌，灌入豬腸皮內，用線捆好，扔入清水鍋中，先用旺火燒開，這時注意要用針或竹籤扎腸子放氣，防止血腸爆裂。再用小火煮熟取出，去線用涼水泡涼，白肉血腸即製好。血腸原本也是祭祀所用，白肉與血腸一起搭配，稱白肉血腸。

每到祭祀的日子，皇帝召集諸皇子及王公大臣一起吃神肉，這是清室兩百餘年成例。參與吃肉的，除了王爺貝勒外，大臣雖官至一品，必須皇帝欽點才能參與。二品大員能參與吃豬肉的，唯有軍機大臣及值南書房者。吃肉時，軍機大臣不論品級，座次在大學士之上。咸豐年間，軍機大臣彭蘊章小人得志，作詩云：「賜胙深宮受福虔，近臣班在百僚前。」皇帝坐定後，諸皇子及王公大臣一起叩首謝恩，然後席地而坐。皇帝用小刀自行割肉吃完，此後侍食諸王公大臣才可以開動。列席的王公大臣每人酒一卮、大塊豬肉兩盤、湯飯各一盂，豬肉以佩刀自行取割，佐以椒鹽食用。清室一直堅持由本人割肉食用，以示不忘根本。皇太極曾云：「若廢騎射，寬袍大袖，待他人割肉而後食，與尚左手之人何異。」

白煮豬肉的吃法，須用小快刀片了吃，以肥瘦相間、橫斜碎雜為佳，卻是與孔子「割不正不食」一語截然相反。依照滿人習俗，祭祀的豬肉必須當場吃光，宮中也是如此。如果有沒吃完的豬肉，使賜給在場的侍衛一起吃。豬皮豬油送交膳房處理，豬骨送給潔淨處燒化之後投入河中。

定例坤寧宮祭祀後，將肉分些給眾侍衛吃，以為散福。某次有名親貴，負責統領眾侍衛，就教訓眾人道：「居家以儉為安，大家在宮裡已經分吃了白肉，回家之後，且不可奢華飲食，晚上用糟魚醬鴨，吃粥即可。」某侍衛應曰：「侍衛家貧，不能購此珍物。」一親貴以為糟魚醬鴨是最為便宜之物，卻不知對於一些赤貧的御前侍衛而言，這已是極為奢華的食物了。

春秋立杆大祭外，一在二月初一，一在十月初一，如果遇到齋戒之日或其他活動則後延。翁同龢日記之中，有很多坤寧宮吃肉的記載：

同治元年二月初一，坤寧宮吃肉，十月初一，「是日（當日）坤寧宮吃肉」。

同治五年二月初一，「是日賜大臣吃肉」。

光緒五年二月初四，「是日坤寧宮吃肉，因齋戒故改進日，臣和在第五列之首」。

光緒九年二月初二，卯正二刻，「臣在第四列第一，肉尚溫，敬嘗一臠，酒飲半觚，叩頭而退」。

光緒十一年二月初一，「卯正坤寧宮吃肉。餘在第五列。是日肉偏熱，遂割一臠食之，酒亦香冽」。十月初一，「卯初二刻，坤寧宮吃肉，余在莫列」。

據翁同龢記錄，坤寧宮吃肉，王公大臣人數一般在三十人左右，王公排在第一列，然後是蒙古王公，然後是滿漢大臣。

到坤寧宮吃肉，大臣的最大福分

同治九年（一八七〇年）十月初一，時日孟冬，曾國藩被召入坤寧宮吃肉。凌晨寅時一刻起床，曾國藩吃過早飯後入朝。先到兵部與諸大臣談了良久，卯正二刻入乾清宮與眾王公大臣立談，到了三刻至坤寧宮。皇帝坐在西南角的坐榻上，第一排為惇親王、恭親王，依次向北，曾國藩坐在第五排南首第一位。首先上釘盤小菜、醬瓜一碟，然後上白肉一銀碟，之後是肉絲泡飯一碗，還有酒一杯、奶茶一杯，約二刻後退出。

光緒朝時，坤寧宮祭神之後，慈禧太後坐北、光緒帝坐南，諸臣魚貫而入各自一叩首後就座，內務府大臣捧肉獻給兩宮，再給大臣分肉及鹹菜，列席眾王公大臣一叩首。分奶茶，再一叩首。光緒朝晚期的軍機大臣瞿鴻禨一直吃素，每次坤寧宮吃肉，都是痛苦無比。一日被光緒發現，此後每遇坤寧宮吃肉時，在諸臣之中為他獨開一桌素席。

白片肉甚至被推為宮廷第一菜，坤寧宮吃肉，則美其名曰分福，被大臣視作無上殊榮。民間甚至傳說，能有資格吃肉的大臣，死後都要打出一個幡牌，上書坤寧宮吃肉五個大字。對於很多漢族大臣來說，在坤寧宮吃肉可不是享受，而是苦差事。一些飲食清淡的大臣，面對大塊半生半熟的白水豬肉，毫無食慾。可在皇帝的眼皮底下，只能硬起頭皮，拿起小刀，裝作很享受得吃起豬肉。一些大臣嫌棄白片肉沒有味道，事先用棉紙浸泡醬汁，吃肉時假裝用紙擦刀，將醬汁塗到刀上增加點滋味。皇帝對於臣子們搞小動作，心知肚明，但也裝作不知道。

吃肉本就是個苦差，可宮中的太監們膽大包天，私下偷去整塊的好肉，以冷肉及瘦殘皮骨充數。雍正九年，雍正帝在坤寧宮吃肉時，感覺不對勁，肉是越發難嚼，且一點味道也沒有。此前雍正帝曾降旨云，神前祭肉極為重要，應當專心恭敬辦理。可負責的太監卻毫不在乎，不用心去處理祭肉就算了，竟有偷盜祭肉出賣者。雍正不得不警告：「嗣後祭肉如仍前無味，或有偷出私賣者，一經查出重責四十板。」乾隆晚期，太監們又開始偷盜坤寧宮的豬肉。大臣們的盤子裡都是難以下嚥的滾刀肉，最後盤中都是剩肉。皇帝嘴邊的好肉也被偷走，乾隆得知後大怒，令總管太監劉成專門監管每次所用之肉。針對大臣們不肯吃肉的情況，又加派御前、乾清門侍衛各一員，與王公大臣們一起吃，監督看誰不肯吃下去。

也不是所有大臣都將在坤寧宮吃肉視作苦差。乾隆朝的福康安，最喜食白片肉。後來他每到一地，就必須備上這道菜。某年在四川巡視時，福康安將至，令傳令兵傳令備好酒菜。負責接待的驛站中豬肉尚未爛熟，接待人員手忙腳亂，有名廚師跳上灶台，尿於鑊（按：古代煮牲肉的大型烹煮銅器之一）中。眾人大驚，問其緣故，廚師道：「忘帶芒硝（按：一種中藥，味鹹），以此代之。」福康安到了後，吃了白片肉，大讚一路上所食豬肉，沒有超過此次者，特賞辦差者寧綢袍褂料一副。

清代大臣之中，以道光朝的曹振鏞最能吃也最愛吃白片肉。每遇到坤寧宮賜肉，王公大臣都將吃不下去的豬肉送給曹振鏞吃。曹振鏞安然而坐，將豬肉取了，用刀片了慢慢享用。曹振鏞曾對皇帝道，「微臣善於吃肉」，這卻不是自我吹噓。道光十五年（一八三五年）時，曹振鏞以八十一歲高齡死於任上（按：任職地）。道光賜給他象徵文臣最高榮譽的「文正」謚號，這其中，約莫也有吃豬肉的功勞。

年邁不能出席的大臣，每年照例會被分賜神肉與糯米製成的神糕。乾隆在祀神時，曾以神肉、神糕賜給在京的王公大臣。到了嘉慶朝，嘉慶帝賜給大學士王傑神糕、神肉，以體恤他年老。年邁的大臣，得到神肉、神糕賞賜後，雖然年邁，也要堅持到神武門外叩頭謝恩。

道光十九年（一八三九年），阮元已七十六歲。此年正月初二，皇帝和大臣們一起在坤寧宮吃豬肉，道光帝突然想起這個老臣，下令賜給阮元神肉一大塊。此時阮元已致仕，正在揚州養老，這塊肉就交給了他在北京的兒子阮祜。阮祜不敢懈怠，立刻將這塊肉「用重鹽包縛，專遣人星夜回鄉」。一路快馬加鞭，正月十九，神肉送到揚州，此時天寒，應該沒有變味。阮元帶領全家人，以隆重典禮，迎接這塊神肉。因為是御賜的，必須當即食用，阮元將肉蒸了，帶領全家跪食，視為無上榮耀，只是吃完肉後，每個人都要喝下好多水來沖淡鹹味。

袁枚在《隨園食單》中認為，白片肉是北方（旗人）流行的菜餚，南方人即使效法，也不能學到其中精髓。袁枚認為，南方難以效法白片肉的原因，主要在於用肉量大，在市場上買的零碎豬肉，根本不能煮出白片肉的美味。對於京城的一般官員來說，請客時寧用燕窩，不用白片肉，因為大量用肉很不經濟實惠。有的能食肉者，一次食肉十斤，來上幾個大肚漢，吃窮這些小京官。

民間白片肉的烹製，也有獨到之處。乾隆六年（一七四一年），在京城開張了一家店叫和順居，以白肉聞名，因為用砂鍋煮肉，故也稱砂鍋居。和順居每日只賣一頭豬，賣完為止。嘉慶年間，詩人張子秋跑去吃肉，結果來晚了，發出哀歎「缸瓦市中吃白肉，日頭才出一雲遲」。和順居的白肉做得好，還被宮廷採購以供御用。

4

清宮大宴，太和殿烤羊肉

入關之前，後金在盛京時，宴席名目繁多。在盛京故宮大政殿前，不時舉辦小規模的露天宴會，以陶製火鍋，涮豬肉、羊肉，佐以鹽、醬，有時還有燉豬肉、燉羊肉、牛肉或鹿肉等肉類。主食有稗子米飯、糯米飯、蒸蕎麥麵、玉米麵餑餑。在大宴中，主要使用牛肉、羊肉、馬肉，規模小則幾桌，多則幾十桌。努爾哈赤曾在八角殿「屠四件，治四十桌」，宴請滿蒙漢總兵官以下，千總以上。至於屠四件，根據當時食用肉類的習慣推斷，應是牛、馬、羊、豬。宴席上烹製的肉，用小刀割了自用。有的大宴持續時間較長，如努爾哈赤歡迎蒙古的明安貝勒來訪，大宴十五日。

天聰六年（一六三二年）元旦，皇太極改變朝儀獨自南坐。為慶賀此舉，各旗分別設宴，每旗十席，用鵝五隻。總兵官職諸員設席二十桌，鵝二十隻。八旗加總兵席共一百桌，備燒酒一百大瓶，煮獸肉宴之。此時獸肉頗為豐盛，有虎、熊、狍、鹿、兔等。

初二大宴，殺馬一、牛三、羊五，宴之。初三，宴請諸姑姑、格格，殺牛一、羊三。此時的宴席上，也開始效法漢人習俗，在桌子上插鮮花，以樂舞助興。皇太極萬壽節時，就曾命大力士摔跤助興。

遷都北京以後，清王朝的宴席更是繁多，除了壽宴、婚宴以外，還有千叟宴、元旦宴、除夕宴等。《養吉齋叢錄》記載：「順治癸巳元旦，大宴畢，復宴內三院輔臣學士及部、院、卿、寺、堂上官、國子監祭酒、六科都給事中、各掌道御史於保和殿。」文中所指的元旦（古時春節稱為元旦）大宴，即為此宴，後來皇帝循例舉行。大宴是在元旦或萬壽節時舉行，一般在太和殿舉辦。如光緒十五年正月二十六日，「是日上以二旬萬壽，賜王公大臣於太和殿筵宴」。

位於紫禁城中心的太和殿，禮節最周到

太和殿是宮中最高建築，紫禁城處於北京城的中心，太和殿位於紫禁城的中心，可以說是整個帝國的中心所在，是皇權一統的象徵。故而清代的重大慶典，如皇帝登基、慶壽、結婚、出征以及元旦、冬至等重大節日，多在太和殿舉行宴席。皇帝的家宴，一

般在乾清宮舉辦，外朝廷宴則在太和殿舉辦。

初期的太和殿大宴雖然熱鬧，但禮儀上還未成熟。清代皇帝之中，順治帝性格敏感、脾氣暴烈，易受情緒影響。朝鮮使者李窅在《燕途紀行》中描繪他：「清主狀貌，年甫十九，氣象豪俊，既非庸流，眸子暴獰，令人害怕。」順治帝在太和殿舉行的朝拜儀式，給朝鮮使臣李窅留下了深刻印象，「天子威儀，可謂盛哉」，在太和殿廣場賜宴時，「設宴行茶，別賜羊肉一金盤於余，是款接也」。順治帝時期的太和殿大宴，還沒有走上軌道，秩序混亂，杯盤狼藉，牛羊骨節，堆積殿宇，「左右紛紛，專無紀律」，讓朝鮮人不由大嘆，「可惜禮器，誤歸天驕」，估計此時的朝鮮使臣，開始追憶起禮儀莊嚴的大明王朝。到了康熙朝後，太和殿大宴上了軌道，一切都嚴格依照禮儀執行。

在太和殿內寶座前，設有皇帝的御宴桌一張，殿內設有王公及一、二品文武大臣宴桌一百零五張。殿前簷下東西兩側，設理藩院尚書、侍郎及都察院左都御史等人的宴桌。在太和殿前丹陛御道正中，南向設一黃幕，內設反坫（土築的平臺），內置大銅火盆、大鐵鍋各兩口，一盛肉，一預備沸水溫酒。丹墀上共設宴桌四十三張，供二品以上世爵、侍衛大臣、內務府大臣以及慶隆舞、喜起舞大臣入宴。丹墀內設有法駕儀仗、兩翼儀仗之外，各設八個藍布幕棚，棚下設三品以下文武官員的宴桌，外國使臣的宴桌設在西班之末。

太和殿大宴時，皇帝御用宴桌由內務府恭備，其他宴桌由大臣們按規定恭進，如若不敷再由光祿寺負責增備。乾隆三年定元旦太和殿大宴，饌筵兩百有十席，羊一百，酒一百瓶（每瓶十斤）。親王進席八，郡王席五，均是羊三酒三。貝勒進席三，貝子席二，均是羊二酒二。入八分公（按：清朝宗室貴族的等級制度，自和碩親王以下、輔國公以上，共六個等級的貴族統稱）進席一，羊一酒一。乾隆四十五年（一七八〇年）裁減宴桌十九張、羊十八隻、酒十八。嘉慶、道光後，宴桌的數目根據實際情況又有所增減。由王公們進獻的內容可以看出，清宮大宴以烤羊肉為主。在中國歷史上，重大宴會場合食用烤肉，歷史悠久。《孟子》中云：「孔子為魯司寇，不用；從而祭，燔肉不至，不稅冕而行。」燔肉即烤肉。早在金國時期，女真人就已在重大宴席上烤全羊宴。

宴席前，先行文宗人府，報明大臣的名爵、應進桌張和羊、酒數目，宗人府匯總送禮部查核後奏明皇帝。表面上看來，這是皇帝將大宴的開支部分轉移到親王貴冑身上，實際上這點錢對王公貴冑們來說，不過九牛一毛。透過此舉，反而可以凝聚宗室成員。

一場火災改變了御膳房的位置

太和殿上的烤肉好吃，用火卻麻煩。康熙朝的一次御膳房失火，差點將整個清宮焚毀。清初時，御膳房設在太和殿西配殿以西。康熙年間，御膳房搬遷到太和殿東配殿以東兩百米的院子裡，面積約一千平方公尺。因為御膳房中每日裡要使用大量柴炭，故而也有相當的防火措施。

康熙十八年（一六七九年）的七月十八日，京城發生大地震，一萬七千餘人死亡，房屋毀損十餘萬間。當日宮內多次房屋被震倒，皇帝御案龍椅也被震翻，康熙帝則被嚇出一場大病。到了此年十二月初三凌晨，康熙帝正在乾清宮時，突聽得宮內大呼「太和殿走水」，走水即失火。火從御膳房燒起，風助火勢，很快蔓延到西配殿，再燒到太和殿，又蔓延到東配殿。直到中午時分，大火方才被撲滅。此番大火是由六名司膳太監在御膳房使用炊火時疏忽而引發。

《大清律例》中就宮廷失火有規定：「失火之人，若延燒宗廟及宮闕者絞監候。」不過此年七月大地震之後，康熙帝曾大赦天下，不再處死罪犯。對於六名太監，刑部定以絞刑，預備過完春節後再行刑。康熙帝看了刑部的處理意見後，表示認可：「此等人在禁地不小心謹慎，致此火變，雖已遇赦（指當年大赦），不容寬免，仍依議治罪。」在過了春節之後，將六名太監處以絞刑。

御膳房火災後，康熙帝下令改造太和殿以預防火災。太和殿牆體增厚改為防火牆，將左右挑簷下的廊子封閉，等於多出一間房，形成防火牆。原本太和殿寬九間，縱深五間，這樣就成了十一間。康熙帝特意下令，皇宮之內一律禁止吸煙，違者削籍。康熙還下旨：「凡宮中有火之處，必有人看守，不許一時少人，總管等要不時巡察。」

此次火災之後，御膳房搬了地方，針對北京常刮西北風的特點，遷建後的御膳房坐西朝東，正面設門窗，兩側山牆使用防火牆，御膳房周邊不許搭建棚舍等。《鹿鼎記》中，韋小寶的住處在「乾清門西、南庫之南的御膳房側」，這點倒是符合歷史。經過幾次搬遷後，御茶膳房設在南三所西側。《內務府冊》載，「茶膳房在中和殿東圍房內。乾隆十三年（一七四八年），以箭亭東外庫改為御茶膳房，門東向，門內迤北，東西黃琉璃瓦房八楹，西南黃琉璃瓦房十有二楹，又南北瓦房九楹」。

康熙二十三年（一六八四年），康熙帝「改燔炙為餚羹，去銀器，王以下進餚羹筵席有差」。此番變動，將以往滿人以燔炙為主的飲食習慣，改為漢人的餚羹。此番改革並未成功，沒幾年就恢復如常。

羊肉大放光彩的朝代

太和殿大宴上，以羊肉為主角。在明清兩代，滿人食豬風俗漸盛，最為重要的祭祀典禮中，如坤寧宮祭祀，也食用豬肉。但在重要的宴會中，羊肉的地位不輸給豬肉，太和殿大宴就使用羊肉。《清文獻通考》中載：「凡元旦及萬壽聖節，及大慶典前期，禮部疏請舉行宴席。屆日，光祿寺供酒席，兩翼供羊。」清宮之中，羊肉的烹製發展得較為完善。烤羊肉、七星羊肉、滿漢羊肉、蜜汁羊排、涮羊肉等，是清宮宴飲上常見品項。如清宮中的黃燜羊肉，用白菜與羊肉一起烹製而成，香酥肥美；蜜汁羊排，將羊排剁成約兩寸長的段，用適量醬油、紹興酒醃入味，再放入用蜂蜜融化的熱油中，上籠蒸至羊排酥爛，取澱粉勾成薄芡，澆在羊排上即成。

到了太和殿大宴時，王公大臣身著朝服，按朝班站立。吉時一至，皇帝御殿，鼓樂齊鳴，中和韶樂高奏。皇帝就座後，樂止，空中傳來三聲清脆的鳴鞭聲，王公大臣入位，向皇帝行禮，然後開始進茶、行謝茶禮；進酒、行謝酒禮；進饌、行進饌禮。之後是跳舞，由十八位大臣身著豹皮，跳起表現當初創業之艱的喜起舞，然後是八位大臣表演騎馬圍獵場景的慶隆舞。之後還有各種舞蹈表演及雜技表演，宴席進入高潮。至宴席的最後，鳴鞭奏樂，皇帝回宮，眾臣散去。

到了光緒朝，太和殿大宴有所改變。光緒帝先率領王公大臣，到皇極殿給慈禧行禮，皇后領宮眷、福晉、命婦給慈禧行禮，獻萬年吉祥如意。之後光緒帝才去太和殿接受百官慶賀，然後回乾清宮受內朝禮。《春明夢錄》中記載了光緒朝宮殿宴席的情況。光緒二十年（一八九四年），光緒帝過萬壽節，在太和殿賜宴。當日兩人一席，均席地而坐。宴席中陳列著桌几，桌几上容器最下方是數層餑餑，餑餑之上是果品，果品之上是整條羊腿，飲品有奶茶與酒。宴席之中，官員們稍微吃些水果克食（賞賜），多餘的食物則交給僕人帶回家中食用。

此次宴席上，列席者均席地而坐，食物主要是餑餑、水果、整條烤羊腿，這也代表了清代御宴的一貫風格。同治、光緒朝的大臣寶鋆頗有些詩名，一次吃完烤肉後，作詩云「膾炙香添松火韻」。據寶鋆記載，是日食烤肉，頗有塞上風味。

5 滿漢全席的名稱怎麼來？跟鰲拜有關

如今說起豪華的宴席，大家腦海中首先浮現的，必然是擺滿各式山珍海味的滿漢全席，甚至會想當然的以為，皇帝的每頓飯都是百餘種山珍海味組成的大餐。今日更有諸多商家，推出所謂的滿漢全席，山珍海味，琳琅滿目。可在清代的宮廷之中，並無滿漢全席的說法。

清代在內廷設御茶膳房，負責皇室的日常膳食，在外朝則設有光祿寺，負責承辦筵席。據《光祿寺則例》載，光祿寺的宴制分為：「滿席自一等至六等，漢席自一等至三等，又有上席、中席。」滿席一等至三等，是祭奠歷代帝后妃嬪；四等滿席用於元旦、萬壽節、皇帝大婚或大軍凱旋；五等賜予達賴喇嘛、班禪額爾德尼的貢使和下嫁外藩的公主及蒙古王公等。六等賜予經筵講書、衍聖公來朝及各國貢使。滿席根據級別不同，所供應菜餚的數量也各有不同，如一等席用麵一百二十斤，餅餌二十四盤；六等席用麵則為二十斤，餅餌十二盤。滿席以餑餑為主，乾鮮果為輔，同時使用羊肉等。

漢席主要用於招待會試的主考官、同考官、監試御史、提調官等。與滿席相比，漢席的菜餚更為豐盛，一等漢席有鵝、魚、雞、鴨、豬等肉二十三碗，蒸肉三碗，蔬食四碗；二等漢席不用鵝，三等漢席不用鵝、鴨，其他大致與一等漢席相同。比較起來，漢席重視的是菜餚，滿席重視的則是食饌。

此外還有上席、中席，用來招待新科進士及主考官，就是所謂的恩榮宴。上席招待主考官及排名靠前的進士，中席招待排名靠後的進士。上席、中席融合了滿席、漢席的特徵，既有滿席中的餑餑，也有漢席中的菜餚，用的桌子又是滿席的矮桌。之所以如此，是因為新科進士中既有滿人也有漢人，所以將兩者相容，取了個上席中席的名稱（據說是鰲拜所取）。恩榮宴將滿席、漢席相容，奠定日後滿漢合席的基礎。

乾隆下江南時，方有了滿漢席的紀錄。乾隆四十一年（一七七六年），乾隆四下江南，巡遊至揚州。兩江總督、江蘇巡撫在揚州設宴，款待聚集於揚州的江南各省督撫。《揚州畫舫錄》中對此次盛宴有翔實的紀錄：「上買賣街前後寺觀皆為大廚房，以備六司百官食次。」

此次宴席的菜單如下：

第一分，頭號五簋碗十件：燕窩雞絲湯、海參燴豬筋、鮮竹蛤蘿蔔絲羹、海帶豬肚絲羹、鮑魚燴珍珠菜、淡菜蝦子湯、魚翅螃蟹羹、蘑菇煨雞、魚肚煨火腿。

第二分，二號五簋碗十件：鯽魚舌燴熊掌，米糟猩唇、豬腦假豹胎、蒸駝峰、梨片伴果子狸、蒸鹿尾、野雞片湯、風豬片子、風羊片子、兔脯、奶房簽、一品級湯飯碗。

第三分，細白羹碗十件：豬肚假江瑤鴨舌羹、雞筍粥、豬腦羹、芙蓉蛋、鵝肫掌羹、糟蒸鰣魚、假班魚肝、西施乳（按：河豚的魚白）、文思豆腐羹、甲魚肉片子湯、繭兒羹、一品級湯飯碗。

第四分，毛血盤二十件：㸆炙哈爾巴（按：滿語，意為肩胛骨）、小豬子、油炸豬羊肉、掛爐走油雞鵝鴨、鴿㸆（按：肉羹）、豬雜什、羊雜什、燎毛豬羊肉、白煮豬羊肉、白蒸小豬子小羊子雞鴨鵝、白麵餑餑卷子、什錦火燒（按：類似烙餅）、梅花包子。

第五分，洋碟二十件，熱吃勸酒二十味，小菜碟二十件，枯果十桌，鮮果十桌。

在菜單末了，作者記道，「此即滿漢席也」。此處的滿漢席，乃是招待滿、漢官員的宴席，並不是後來所謂的滿漢全席。

《揚州畫舫錄》中所載的菜單有幾個特點：首先，大量使用山珍海味，包含各種珍稀食材，如熊掌、猩脣、駝峰、鹿尾等，其中還有鰣魚、西施乳、螃蟹等長江水鮮；其次，菜單中所列五分，並不是依照五個等級列席。菜單中所列，應是合在一起的菜餚。依照清代官場上招待客人的規矩，在正規的滿席之中應有餑餑、乾鮮果之類。菜單一到三之中並沒有餑餑、鮮果，到了四、五中才有，故而是合在一起。

乾隆朝時期，御膳房中基本沒有用過熊掌、猩脣這樣的食材，乃至魚翅、海參都很少出現。乾隆帝不愛吃魚，很少會有魚出現在膳單上。這份菜單明顯是江蘇官場為了炫耀，同時也為了交好其他各省督撫們而特意準備的。皇帝自己也沒有想到，他的臣子吃得比他還要奢華百倍。陪皇帝出巡時，臣子們私下吃點山珍海味也不稀奇。《嘯亭續錄》中記載，懷柔郝氏為一方巨富，家中有萬頃良田。乾隆帝駐蹕其家時，曾進上水陸珍錯百餘種。王公大臣、御前侍衛，乃至抬轎的奴僕，也供給奢華飲食，一日之費十餘萬，水陸珍錯百餘種，進了王公大臣的肚皮。

官場上的應酬風，吹出了滿漢席

在清代，受朝廷之中滿席、漢席分開的影響，官場之上，開始出現漢人請滿人用滿菜，滿人請漢人用漢菜的做法。此種做法引發了輿論風波，認為是在格外討好。於是精明的商家又將滿菜與漢菜擇其精華，匯集在一席之上，以吸引達官貴人。袁枚記載：「今官場之菜，又有滿漢席之稱。用於新親上門，上司入境。」請注意，袁枚說的也是滿漢席，而不是滿漢全席。滿漢席上的招牌菜乃是雙烤，即掛爐豬與掛爐鴨。掛爐豬、掛爐鴨，確實來自清宮御膳。御膳房中設有包哈局，專門為宮內製作烤菜。在帝后日常膳食中，常可見雙烤。乾隆帝時期，早晚膳中就不時會出現掛爐鴨、掛爐豬之類。光緒朝時，光緒帝的早膳常有片盤二品，分別是掛爐豬、掛爐鴨。

清代宮中有用磚砌成的烤爐，爐前有拱門，烤爐內有三面架子，將預烤的豬或鴨掛入爐內的架子上。烤爐內用棗木、梨木、桃木為燃料，生火後沒有什麼煙。在燒烤時，廚師要不斷變更鴨或豬的位置，以將全身都烤到。燒烤時，鴨或豬不能直接接觸火頭，會烤焦。把握好火候，烤出來的鴨、豬，皮酥肉嫩，肥而不膩，兼有果木香味。

在民間的滿漢席中，雙烤之外，燕窩、魚翅等珍稀食材也被用來配菜，以提升滿漢席的檔次。在正規的滿漢席中，滿人喜愛的餑餑也是不可或缺的。最終漢席中的炒菜、羹湯之類，與滿席中的燒烤、餑餑一起，組成了豐盛的滿漢席。

到了清同治、光緒朝時，出現了滿漢全席的紀錄。《清稗類鈔》中記載，京城宴會時有燒烤席，「俗稱滿漢大席，筵席中之無上上品也」。滿漢大席，除了燕窩魚翅之外，必定要用烤豬、燒鴨。酒過三巡，方進烤豬，由盛裝的僕人，用小刀將豬分解開來，盛裝好一一獻給客人。「紹酒三燒要滿壺，掛爐鴨子與烤豬」，宴飲之上，烤鴨烤豬，佐以上好的紹興酒，乃是京城官場宴飲的尋常景象。

同治、光緒年間，官場上的應酬之風日益煩瑣，主要原因在於慈禧把握大權後，追求奢華享受。有慈禧的示範，整個官場也紛紛仿效，於是燒烤席、燕菜席、魚翅席、魚唇席、海參席、鯉乾席、三絲席等各種大宴，層出不窮。在諸多大宴之中，又以滿漢全席為最。清代韓邦慶《海上花》第十八回中寫道，上海高級妓院的恩主們，為一名官老爺過生日時：「中飯吃大菜，夜飯滿漢全席，三班毛兒戲。」清代李寶嘉《官場現形記》卷六中寫道：「一天兩頓，也不用滿漢席、燕菜席，竟請他吃大菜。他這一路來燕菜燒烤，早已吃膩了。等他清淡兩天也好。」卷十八中又有描寫：「第三天早上收過萬民傘、德政牌之後，飯後開船回省。正是光陰迅速，轉瞬間已到了第二天了。這天合城文武在本府衙門備了滿漢全席，公錢統領並請了周老爺。」

同治、光緒年間，滬（上海）上開張的大酒樓，都以滿漢全席作為招牌，其中著名者，如鴻運樓、聚豐園、老益慶、醴芳園、醉春園、泰升樓等，在《申報》上刊載的廣告，均是聘請宮中名廚，製作滿漢酒席、掛爐豬鴨、京蘇大菜，隨時小酌，一應俱全。當日有滿漢筵席的稱謂，也有稱滿漢酒席者，而滿漢全席的稱謂，偶爾也被使用。不管是什麼稱謂，均有兩道必點菜，即掛爐豬鴨。滿漢筵席之類流行於官場之上，乃至於在外交場合也被運用。

江南科場事務，一向由江蘇藩司主持。每逢考試時，在貢院鄰居地方設一局，作為供給所，挑選衙門中三位到五位精幹人員負責辦理伙食。負責辦理伙食的人員，「必先將滿漢酒席應用之山珍海錯，一一調和鹽醬，請委員品嘗」，然後判斷能否使用，一席之費，可抵中人（按：常人）十家之產。這項差事是份美差，只有官場中的老手才能經辦。

老外也想一嘗滿漢席

光緒十五年（一八八九年），新任兩湖總督張之洞，自滬乘坐招商局江寬號輪船起程。輪船抵達鎮江時，停泊靠岸，張之洞上岸遊覽名勝。地方官員辦了滿漢筵席招待。「軍用午膳畢。遊覽各處勝境。仍回江寬輪船，於是日下午鼓輪上駛。」

在外交活動中，也開始使用滿漢席。如光緒十七年（一八九一年），俄國儲君來中國遊歷，總理各國事務衙門一路陪同。俄國儲君至武漢時，武漢地方官員以滿漢席招待。餐桌仿西式長桌，擺放著各色小瓶、花果，每座準備了玻璃酒樽及刀叉，「菜為滿漢筵席，每上食一次，樂作一次，菜凡二十品，點心四品，另備西人所用牛奶茶」。清末中國海軍到日本訪問時，也特意準備了滿漢席款待日方，讓日本人小小的被刺激了一下。李瀚章督粵時，曾設宴西餐款待老外。不料老外卻不滿意，抗議道：「此來寶地，實希望一嘗貴國之燒烤、魚翅美味也。」燒烤、魚翅美味者，即滿漢席也。

光緒二十六年（一九〇〇年），就在慈禧、光緒逃亡西安時，南洋大臣兼兩江總督劉坤一在南京舉辦了壽宴，是日「督轅內外鋪陳富麗，無殊繡地錦天」。為了辦好宴席，劉坤一請了廚師數百人，預備滿漢筵五十席，蔬菜、海參各五十席，以待華誕大會。有意思的是，在出逃途中，清廷還命令懷柔縣令吳永，準備滿漢全席招待太后、皇帝。晚清時，滿漢筵席的前半席皆為漢菜，後半席則是燒烤。燒烤登臺前，在座者先滿斟燒酒，桌四角分置大蔥、甜醬各兩碟，中央另置薄餅兩大碟，然後送上燒豬四盤，兩肥兩精；烤鴨四盤，薄切成片。同時再進滿茶一道，杯為錫製，外鑲紅木，杯中裝滿蓮子、桂圓、松子、瓜仁、棗仁等物，頂覆紅色橘皮絲，外觀頗美。食燒烤畢，又換熬茶一道，茶味道略鹹，以青豆釀成，略加牛乳，北方稱之為奶子茶。

滿漢全席的衍生產品：北京烤鴨

辛亥革命之後，民族情緒激昂，有的滿漢全席改名為大漢全席，不過滿漢全席仍然存在，並有大小之分。大、小滿漢全席流行於民國初年的京津，大滿漢全席菜點一百零八品，小滿漢全席菜點六十四品。清末民初，各地高檔酒樓菜館的門口，都掛著滿漢筵席的招牌。普通菜館中所謂的滿漢筵席，不過是漢菜另加幾道滿菜，有名無實。到了民國年間，滿漢筵席已失去了其在高端餐飲中的獨霸地位，「豪食以粵人為第一」。

舊日廣州有一所澄綺園，人們稱此園為「潘家花園」。其後潘氏衰落，改名為謨觴館酒家，又改名為集雅園，最後改名為銀龍酒家。在當年，譚觴館乃是餐飲界中的奢華代表。譚觴館的一桌菜，合點心蔬果不過五十餘品，需要四百大洋，而當年滿漢全席一桌不過百元。時人感嘆，「比較其富麗之程度，京朝派非粵派敵也」。

最高檔的滿漢全席，與廣州譚觴館的大漢全席一比較，也會顯得異常寒酸。譚觴館的菜單上，主要是各種山珍海味，如清燉熊掌、燴白鶴絲、燴金錢豹等。受其影響，北京的高檔酒樓，乃至於譚家菜、關家菜之類，均模仿譚觴館的豪華風格。民國二十六年（一九二七年），國民黨遷至南京時，譚組庵曾花一百二十大洋置辦了一席高檔粵菜，赴牛首山祭奠書畫家清道人（李瑞清），約友人共食。人們驚嘆這桌宴席的豪闊，各大報紙紛紛報導，卻不知彼時的譚觴館，早已有四百大洋一桌的頂級筵席，而當時北京城內，上好的燕翅席，一桌不過十六大洋。可以說，同治光緒年間各大酒樓推出的滿漢全席，在一定程度上受到了宮中的影響，以雙烤為主打，輔以燕窩之類。至於後世發展出的滿漢全席，則走上了一條奢侈的道路。今日的滿漢全席上，滿席均是山珍海味，如燕窩、魚翅、海參、魚肚、鮑魚、鮒魚、駝峰、鹿筋、熊掌、果子狸等，走的卻是當年譚觴館的套路了。

滿漢全席在晚清時的興盛，其所重視的乃是滿漢相容，既有滿席的餑餑、雙烤，也有漢席的各種菜餚，但並不是強調數量與珍稀食材。今日的滿漢全席，動輒百餘種菜餚，所用都是各種山珍海味，卻偏離了滿漢全席的精髓。

滿漢全席的衍生產品，則是北京烤鴨。清末有兩家名店——便宜坊和全聚德，都是以烤鴨而聞名。便宜坊主打的是燜爐烤鴨，全聚德是掛爐烤鴨。米市胡同便宜坊的烤鴨，是當時到京城必嘗之物，乃至於被譽為京城第一。

掛爐烤鴨本是宮廷菜，也逐漸走入民間。同治年間，河北人楊全仁買下了一家乾鮮果鋪子，聘請了宮裡燒過燒鴨的廚師，開始做起燒鴨生意。店鋪原先是乾鮮果鋪，楊全仁靈機一動，用果枝為燃料來燒鴨子。燒出來的鴨子具有果木香味，很受歡迎，這就是後世著名的全聚德。最終全聚德與便宜坊的烤鴨、安兒胡同的烤牛肉、聚盛齋的醬牛肉、月盛齋的醬羊肉、砂鍋居的白肉、穆家寨的炒疙瘩、都一處的炸三角，共同成為老北京美食的代表。

第3章

南北大雜燴，匯到皇帝餐桌上

1 多虧乾隆，皇帝飲食多了江南風

清宮之中，一日兩餐，蘇州則有一日五餐之誤傳。乾隆南巡迴鑾後，曾對近侍道：「蘇州奢侈，一日之中，食飯五次，其他可知。」乾隆誤將蘇州早上、午夜的泡飯粥，也算成飯，遂有了一日五餐的誤解。不過，蘇州地方上飲食精緻，烹調時喜多用糖，加五香，至於辣椒，則少有入菜。蘇州豐盛的食物給南巡的帝王們留下深刻印象。康熙帝曾經六下江南。下江南帶有諸多政治目的，如籠絡江南士人、巡視河工、整頓吏治等。同時，也可以讓皇帝一睹江南的名山勝水，一嘗江南的各種美味。在江南期間，康熙帝非常喜愛江南菜。雖然他在飲食上很簡單，可他喜歡的食材，會有親信採購送入宮中，不過他尚未將江南菜系引入宮中。

乾隆六次江南遊，無邊風景話悠悠。乾隆處處效法祖父康熙，對於南巡也是無比熱衷。剛登基不久，乾隆帝就派軍機大臣訥親去江南巡視，看看江南好不好玩。結果訥親報告，蘇州只有虎丘是名勝，不過也就是個大墳包而已。蘇州城內河道狹窄，運糞船隻到處都是，城裡臭不可聞。訥親這般說，其實是不想皇帝南巡。登基不久的乾隆帝，羽翼尚未豐滿，還有諸多事務要處理，就暫時放下了南巡的念頭。

到了乾隆十四年（一七四九年），乾隆帝江山穩坐，天下看起來一片太平，心中開始癢起來，想著要去巡遊一番。江南地方官員迎合皇帝，一致提請皇帝南巡。於是乾隆帝宣布，兩年後正式南巡。之所以宣布兩年後去江南，是預留兩年的時間，沿途各地可以興建行宮（按：皇帝出巡時居住的宮殿），疏通水道，為皇帝巡遊做好充分準備。

貪吃乾隆，被江南飲食深深吸引

乾隆十六年（一七五一年），乾隆帝第一次下江南時，貪吃的他心中還懷有不安，擔心吃不慣江南的菜餚。為此乾隆帝特意準備了一千隻羊，提前運到南方備用。可在南巡途中，品嘗到諸般江南美味後，乾隆帝大為折服。此後乾隆帝大力將江南美食引入宮廷，乃至於巡視盛京時，廚師為他製作的菜餚中多有江南風味。南巡後，乾隆帝的菜單上明顯出現了變化，各種江南菜，如蓮子櫻桃肉、鴨腰蘇膾等，出現在皇帝的餐桌上。

不過乾隆帝到了江南，對江南的水產品卻沒有太多興趣，這也是他一貫的飲食風格。

乾隆下江南，帶動了江南菜系的發展。今日很多江南名菜，都自詡與乾隆下江南有關係。如揚州著名的大煮乾絲，說是揚州官商為了討好乾隆帝，用豆腐乾、火腿、雞肉等九種美味食材，切成細絲，以雞湯煨煮。乾隆帝吃後讚不絕口，又為此菜取名：「此菜非湯非餚，就叫揚州乾絲。」再如傳說乾隆三下江南時，微服出遊，到無錫某小店嘗到一道菜。那道菜用蝦仁、雞絲、雞湯熬成的湯汁澆在鍋巴上，鍋巴發出吱吱聲。乾隆盛讚不已，認為它是天下第一菜。至於乾隆與松鼠鱖魚、文思豆腐、魚頭豆腐湯等菜餚的傳說，更是不勝枚舉。

清代《國朝遺事紀聞》中云，乾隆帝在京城時，食用的多為肉類，菜餚也以乾脆肥濃為主。到了揚州時，乾隆帝對近侍道：「江南蔬菜好，可擇其清新者為之。」在江南品嘗的新鮮蔬菜，讓乾隆帝久久不能忘懷，回到京城後，他屢屢嘆息：「吾每飯不忘揚州。」他所懷念的，不單單是江南菜，更是江南的風物人情，難怪後世要編造出無數乾隆帝微服出行的故事。

江南菜系在宮中的傳播，與廚師張東官有關。在乾隆朝的御膳檔案中，經常可以看到他的名字。由於乾隆帝的喜愛、江南廚師的出現，清宮菜中多了江南風情，出現了燕窩黃燜鴨子燉麵筋、燕窩紅白鴨子燉豆腐、冬筍大炒雞燉麵筋、燕窩秋梨鴨子熱鍋、蔥椒羊肉、肥雞燻白菜、核桃雞丁、紅燒肚檔、清炒蝦仁、豆絲鍋燒雞等江南菜餚。紅燒肚檔這個菜名比較別致，其實是用青魚的中段紅燒而成。

對於張東官此人的具體情況，並沒有太多的記載。有據可查的是，他本是蘇州織造府中的廚師，先後幾次更換門庭，最後被乾隆帝收入宮中。在明代，蘇州織造就承擔了宮廷採辦絲綢織品的任務，而蘇州是當時中國的經濟中心，是最為富庶的地方，可謂物華天寶，所以才有了張翰的「蓴鱸之思」（按：思鄉的意思）。明代時，蘇州織造已經網羅了蘇州最好的廚師，以備迎來送往，交好各級官員。

到了清代，蘇州織造仍然保留，並由皇帝的親信來執掌，如康熙朝的曹寅、李煦。康熙、乾隆南巡時，就以蘇州織造府為行宮。為了迎接皇帝，蘇州織造必須招募最好的廚師，呈現最好的菜餚。在乾隆的六次南巡中，一入江蘇境內，蘇州織造府的官廚立刻就被調去御膳房，為乾隆帝服務，此後一直陪伴，直到皇帝回京。

乾隆欣賞的三位廚子：張成、張東官、宋元

乾隆三十年（一七六五年）正月十六，乾隆帝出遊江南，一路上各地進獻了諸多美食。二月十五，此日乾隆帝由水路巡遊，在船上進早膳。乾隆帝食慾極佳，心情也好，特意讓御廚上一道春筍炒肉。蘇州織造普福帶來的家廚大顯身手，當日為皇帝烹製了糯米鴨子、萬年青燉肉、燕窩雞絲、春筍糟雞、鴨子燻餡煎黏團、菠菜雞絲豆腐湯等拿手菜餚。乾隆帝品嘗之後，大為滿意，賞給張成、宋元、張東官每人一兩重銀錁（按：小錠）兩個。張成、宋元、張東官三人，均為蘇州織造普福家廚。

到了下午，在崇家灣大營碼頭進晚膳，晚膳中多了張成、宋元、張東官烹製的江南菜，如肥雞徽州豆腐、燕筍糟肉、果子糕等。兩江總督尹繼善也進獻了一些江南菜，如鑲鴨子、醃菜花炒麵筋、燕筍燻白菜等。吃完後，乾隆帝將菜餚與妃嬪們分享，總計賞給皇后徽州豆腐一品、貴妃果子糕一品、慶妃鑲鴨子一品、容妃攢盤肉一品。

二月十七日未正一刻，乾隆帝在揚州天寧寺行宮西邊花園進晚膳。當晚的菜單上有鴨羹一品、燕筍燉棋盤肉一品（張成做），後送蒲菜炒肉絲一品、春筍爆炒雞一品、蘇造雞肘子肉攢盤一品、白麵絲糕糜子米麵糕一品、象眼棋餅小饅頭一品、鴨子燻餡煎黏

團一品（張東官做）。可見一路上，張成、張東官這幾名廚師，很得乾隆帝欣賞，哪怕到了膳食上不輸蘇州的揚州，也要讓他們一展身手。

針對乾隆帝喜愛吃鴨子，江南菜中也增加了鴨羹、清蒸鴨子糊這樣的膳食。乾隆帝的小舅子高恆，此時正擔任兩淮鹽政，哪肯被大臣普福搶了風頭，也獻上很多菜餚，其中有雞肉丸子、蓮子櫻桃肉、鴨腰蘇膾、燕窩燴肥鴨子等。

乾隆三十年（一七六五年），乾隆帝南巡時，普福的家廚一路隨行。乾隆帝到了杭州後，他們仍然為皇帝烹製食物。閏二月十一日早，乾隆帝在虎跑泉進早膳，宋元製作了燕窩燻鴨絲、雞冠肉燉雞軟筋，又給乾隆帝上攤雞蛋一品。下午兩點，乾隆帝在西湖行宮用膳，張成製作了燕窩燴糟鴨子、鹿筋酒燉羊肉，宋元製作了爆肚子、燕窩拌雞、青韭鮮蝦。最後壓軸的還有道拌老虎菜，以青辣椒、大蔥、黃瓜、胡蘿蔔和香菜等拌成。因為吃時較辣，要齜牙咧嘴，如老虎發威，所以稱為拌老虎菜。

乾隆帝很欣賞這三名廚師，卻沒有將三名廚師要過來為自己效力。三月十一日，乾隆帝返程途中，駐在鎮江金山行宮時，命「賞蘇州廚役張成、張東官、宋元每人一兩重銀錁兩個」，仍交給普福，就叫他們回蘇州去。此年高恆調走，普福擔任兩淮鹽政，後來卻牽涉進「兩淮提引案」（按：乾隆朝三大貪腐案之一）被處死，張東官被時任長蘆鹽政的西寧重金聘去擔任廚師。

乾隆三十六年（一七七一年）二月，乾隆帝南巡，走到山東時，名廚張東官又開始大顯身手。普福此前因為捲入貪腐案被處死，張東官到了新東家長蘆鹽政西寧身邊。此次南巡，乾隆帝行至南倉大營馬頭。晚膳時，西寧趁機讓張東官進菜四品，其中冬筍炒雞讓乾隆帝大為滿意，命賞西寧家廚張東官一兩重銀錁兩個。西寧也是個精明人，知道張冬官菜做得好，更重要的是，他曾經侍候過皇帝，知道皇帝的口味。

雖然乾隆帝很欣賞張東官的手藝，但他還是未將他抽調到身邊。直到乾隆四十三年（一七七八年）七月，在東巡盛京途中，乾隆帝才命西寧將所進廚役張東官，移交給御膳房，此後張東官升格成為宮廷御廚。

得皇帝喜愛不靠食材，靠的是手藝

張東官的到來，讓乾隆帝大飽口福，一路上不時讓張東官烹製如豆豉炒豆腐、雞絲肉絲煽白菜、燕窩肥雞絲、糖醋櫻桃肉等江南美食。豆豉炒豆腐者，以豆豉一茶杯，入水泡爛，與豆腐同炒。此次東巡共兩個月又兩天，張東官被賞五次，得賞最多。乾隆帝另外還賜給他帽簷、大卷絲緞等物，可謂絕無僅有。乾隆歷次南巡，沿途品嘗的各種美食，食材其實都是民間常用的，並非後人所想像的那麼奢華。日常所用蔬菜有蒲菜、春筍、燕筍、菜花頭、荸薺、紅皮蘿蔔、菠菜、山野菜，肉類主要是火腿、雞、鴨；豆製品有水豆腐、豆腐乾、油麵筋，其他還有糟鵝蛋、梅乾菜、醃菜、糖醋蒜等。

菜餚的製作也很普通，炒菜如肉片炒春筍、燕筍爆炒雞、蒲菜炒肉、蘑菇炒肉、青韭炒鮮蝦、小蝦米炒韭菜等。其他菜如水晶肘子、糯米鴨子、八寶鴨子等，均是蘇州菜代表。餛飩餡也是雞肉、豬肉、菠菜豬肉、豆沙、鴨肉餡等，這些食材與製作方法，與宮中相比，更為清淡簡單，更強調原汁原味，受到乾隆喜愛。

張東官的烹調手藝，乾隆帝很欣賞，遂將他一直帶在身邊，以隨時可以吃到他烹製的各種菜餚。乾隆帝第六次南巡到了蘇州時，讓年邁的張東官不必隨行，留在蘇州養老；又令蘇州織造四德，另選精壯蘇州廚役一、兩名，繼續給膳房做膳。

歷次巡遊江南時，江南地方上的各種水產品，卻很少出現在餐桌上。乾隆帝不大喜歡吃魚蝦，至於螃蟹之類更是沒有興趣。當代一些飯館，整出各種乾隆御宴，隆重推出所謂的全鱔席、魚翅海參之類，則是背離了歷史的真實面貌。

由於乾隆帝的鍾愛，在清宮之中，出現了專門的蘇州菜廚房「蘇灶鋪」。江南廚師的入宮，帶來了蘇造糕、蘇造醬、蘇造蹄膀、蘇造肉等系列菜餚。這些菜餚從蘇州來到宮中，從宮中又回到民間，在京城內也流行起了蘇造肉。蘇造肉以豬肉為主，用醬油紅糟煨燉，出售時放在大鍋中，下置溫火，零切售賣。湯內另泡有火燒，用糟湯煨透，味頗酥香。販賣蘇造肉的商販，每日清晨在東華門外設攤，為進入升平署的官員夾火燒作為早餐。蘇造肉選用五花肉製成，貧苦民眾消費不起，就出現了廉價版的蘇造肉——滷煮小腸。滷煮小腸模仿蘇造肉的製法，只是材料改用豬頭肉及豬下水，在豬小腸內灌肉末、香料，一鍋煮熟，湯內不加紅糟，只用桂皮、花椒、大料、醬油等佐料，味道香醇。到了後來，製法更加簡單，只用豬下水、豬頭肉，近代北京街頭賣的全是此類。

蘇造肉，是北京過去的普通飯館「二葷鋪」的主打菜。所謂二葷鋪，即日常所售賣的，主要是豬下水與豬肉，沒有雞鴨魚蝦、香菇冬筍之類，就連素菜也很少，只有白菜，沒有黃酒。這種小飯館主要接待貧苦百姓，使其能有機會打打牙祭，沾點葷腥。不過這種飯館也有做得相當好的，一些著名文人就曾追捧過二葷鋪的粗菜。

2 熱河山莊避暑，兼吃美食

熱河地勢雄奇俊秀，宜於營造皇家園林，更有群峰回合，清流縈繞，煙景萬狀，蔚然深秀，山富北國之雄奇，水具江左之幽明。避暑山莊的建造，有著各種因素，如聯絡蒙古，為皇帝提供避暑之地等。此外還有個重要原因，即躲避出痘。出痘，即天花，在蒙古人、藏人、滿人中感染的比例最高。如果童年時不曾出痘，則成年後隨時會感染天花，能活下來的也要留下一臉麻子，重者喪命。

天花喜熱厭寒，在天氣炎熱時節特別容易

承德避暑山莊。（圖片來源：維基百科。）

出痘。康熙帝巡幸熱河時，發現承德氣候清涼，就在此興建避暑山莊，作為避暑避痘的行宮，並規定此後凡未曾出痘的蒙藏王公均在此覲見，已出痘者則可入京。臣子們也為熱河的氣候而感慨：「熱河清流素練，綠岫長枝，好鳥枝頭，游魚波際，無非天適。皇帝居此逾時，聖容豐裕，精神益健。」

承德避暑山莊以北兩百里有木蘭圍場，此處風景秀美，水草茂盛，鳥獸極多。康熙年間，蒙古翁牛特部特意將這塊獵場獻出，供皇帝圍獵。康熙愉快的收下獵場，此後不時來此打獵。他認為透過木蘭行獵，可以鍛煉八旗兵丁，不忘祖先的馬上騎射功夫。承德一帶的森林中有喬木、榛子、山楂、柿子、杏、梨、蘋果等果樹，有黃花、木耳、蕨菜、蘑菇等野蔬，武烈河兩岸更盛產水稻、玉米、高粱、穀子、大豆及各種蔬菜。每年夏季，從五月到十月，避暑山莊的宮廷膳食中會出現大量時蔬及各種野味。

康熙皇帝在位的六十一年中，曾經五十一次到避暑山莊。康熙帝每次到避暑山莊，都要在澹泊敬誠殿賞扈從大臣茶點，然後接見官員。康熙帝也常在延熏山館對面的一片雲樓聽戲，聽戲時，會賜下各種食物，有時會特賜御膳野雞羹。

動手烤肉，增進感情

義大利神父馬國賢，目睹了康熙帝在熱河的生活：康熙帝在后妃們的簇擁下，由太監抬著漫遊庭園，有時則與妃嬪們一起在人工湖上泛舟釣魚。他也與妃嬪們一起用膳，但他單獨坐在一個砌高的檯子上，妃嬪們則坐在地板上，在各自的小桌上用膳。有時，他派后妃們去鄰近小山上收集榛子和其他果子。他假裝渴望吃到一些野果，妃嬪們不給時就佯裝大吵大鬧，有些果子掉在地上，他就暢快的大笑。

康熙三十一年（一六九二年）八月，康熙帝前往熱河打獵，獵獲了不少鹿。在康熙帝身邊的法國傳教士張誠記載：十六日，皇帝陛下於天亮前便起身去捕獵公鹿。到吃早飯時，已走了二十里路，又繼續走了十里路，才進入山區，在那裡皇帝獵獲了一隻五百磅重的公鹿。然後在山谷之中，皇帝獵獲了野雞等野味。

下午兩點前後，康熙帝下令準備晚餐，他親自整理自己獵來的鹿，肝和臀部的肉被視為最精華的部分。康熙帝帶了三個兒子、兩個女婿一起忙碌，鹿肝整治乾淨後，切成大份，用鹽、菊花醃漬一會，然後用鐵叉將鹿肝掛在柴火中烤熟。康熙帝的兒子、女婿及親信大臣、傳教士張誠，每個人都分到一片鹿肝，便開始仿效皇帝的樣子烤鹿肝。

十九日，天剛破曉，康熙帝出發前去打獵。在三次圍獵中，他獵獲了三、四十隻公鹿和狍子。黃昏時分，康熙帝開始動手，燒烤鹿肉。熊熊的火堆燒起，鐵叉將肥美的鹿肉串掛在火堆上，芳香撲鼻，油脂下滴。肉烤好後，康熙親自動手吃起了烤肉，大臣們也跟在皇帝後面，一起動手烤肉。在燒烤過程中，君臣之間，把酒言歡，增進了感情。能烤全鹿的，只有皇室與親貴，這是逐鹿天下的回報。不過民間對於燒烤全鹿，也不勝嚮往。《調鼎集》載：「炙鹿肉，整塊肥鹿肉，又架炭火上炙，頻掃鹽水。俟兩面俱熟，切片。」

康熙朝避暑山莊興建後，王公大臣紛紛在承德修建府邸，各地的商人也到此處尋覓商機，帶來了熱河的繁榮。乾隆年間，朝鮮使者朴趾源《灤陽錄》記載，此處「民物漸殷，商賈輻輳，酒旗茶旌，輝映相望，裡閭櫛毗，吹彈之聲徹宵不休。」熱河酒樓林立，生意旺盛，繁華不輸帝京，對酒有極大的需求量。不過熱河所產土酒味薄，「惟越酒市上多有之，價亦與都中相准」。雍正帝未登基之時，就曾隨康熙帝多次來到避暑山莊，登基之後卻未來熱河。雍正行事與眾不同，作為一個資深宅男，他的癖好很多，比如喜歡玩造型秀、收藏西洋器物、養很多寵物狗、愛畫像等，就是不愛出巡。登基後，他忙於處理內外事務，加上對出巡沒有多大興趣，就未曾來避暑山莊。

避暑山莊不僅養人，也養鴨

在清代皇帝之中，到熱河最多次的當屬乾隆皇帝，前後共五十二次之多。說起來，乾隆帝與避暑山莊有緣，民間傳說他是在避暑山莊出生。野史中甚至風傳，雍正當皇子時，雖是宅男，可不得不陪同父皇康熙來到承德。一次在避暑山莊獵鹿後，他暢飲鹿血，導致情欲勃發。此時恰好有一李姓漢人宮女路過，被他臨幸，日後生下一子弘曆，即後來的乾隆帝。這只是民間謠傳，乾隆帝的生母乃是鈕祜祿氏，而非漢人李氏。

弘曆第一次到熱河，是隨父皇前去，當年不過六歲，居住在獅子園。康熙六十一年（一七二二年）時，康熙帝令他入宮，親自撫養，這年他隨康熙帝來到熱河，住在萬壑松風後的書齋內。康熙帝有子孫百餘人，只帶弘曆一人在身邊，足見對他的寵愛，這也使後來的乾隆帝終生難忘，對避暑山莊有著特殊感情。感情之外，避暑山莊的各種天然美食，也吸引著他。

梁實秋說：「北平苦旱，不是產鴨盛地，唯近在咫尺的通州運河，渠塘交錯，特宜畜鴨。」不過通州的鴨子，到了北京後，還要被硬塞入用高粱及其他飼料揉搓成圓條的飼料，再關上個若干天，待養肥了才宰殺。清代又有一種填鴨法，以紹興酒罈去掉底部，將鴨子放入其中，以泥封好，將鴨頸伸於罈外，用脂與飯每日餵養，留孔遺糞，六、七日即肥大可食。據云此鴨熬湯煮豆腐，是人間一絕。

避暑山莊有天然的水資源，能養出肥美的鴨。避暑山莊附近，專門開設了鴨子圈。鴨子圈是一個大坑，坑中是清澈的山泉，養了千餘隻鴨子，其中最好的鴨子留給皇帝，差一點的則在市場上處理掉。避暑山莊中設有鹿苑，可供皇帝打獵，隨時取用。每歲駐蹕，至秋季鹿肥之時，乾隆帝在避暑山莊中取火槍獵鹿，分賜新鮮鹿肉給內外大臣。承德一帶動植物資源十分豐富，森林連綿不絕，有鹿、狍子、黃羊、山兔、野雞、沙雞、野鴨、山雀、各種淡水魚等。乾隆帝在避暑山莊的飲食，主要由野味與雜糧構成。

在避暑山莊的菜單中，有各種時蔬，如芹菜羊肉、蔥椒燒肉、松子丸子燉菠菜、蝦米青豆菜、涼拌黃瓜、羊肉燉鮮蘑、水煮菠菜、白菜榛椒醬，菜頭燉豆腐、炒口蘑、青茄白菜、榛醬、溜南瓜、山藥蔥椒肘子、火燻白蘿蔔等等。主食也是豐富多彩，如酸辣湯、蘿蔔麵烙盒子、韭菜豬肉包、韭菜茄子燙麵、豬肉包子、羊肉胡蘿蔔餡餃等。至於麵食，則以餑餑為主，同時配以蓮子、燕窩等湯類，可謂營養豐富。每到秋冬季節，各種火鍋如野意火鍋、雞鴨火鍋、全羊火鍋、什錦火鍋及鹿肉、狍子肉、豆腐酸菜火鍋等，也會出現在避暑山莊的餐桌上。

嘉慶帝來熱河的次數也較多，前後二十餘次，最後在避暑山莊駕崩。嘉慶二十四年（一八一九年），嘉慶帝前往熱河行宮，這年他已是花甲老人，原定舉辦盛大的木蘭行獵，最後因為時間倉促而停止。七月二十一日，嘉慶帝駕臨熱河，早膳之前，太監總管議定，自今日早膳起，每日早晚膳，增添葷粥、老米粥。這主要是考慮到嘉慶帝已是老年人，所以增加了容易消化的粥類。過了兩日，嘉慶帝傳旨，現在天熱，不要葷粥，撤掉綠豆湯，如果皇帝有需要，另外傳旨。

嘉慶帝到承德後，除了避暑山莊自產的野味外，官員們紛紛進貢新鮮野味。如七月二十一日，直隸提督徐錕進鮮鹿一隻、野雞九隻，馬蘭鎮總兵慶惠進鮮鹿一隻、野雞九隻，另有網戶進魚十八尾。除了御膳上用了一些鹿尾、鹿肉外，其餘均賞給大臣用。七月二十三日，直隸總督方受疇進鮮狍一隻、奶豬九口、羊羔九隻、白鴨五十隻、太和雞三十隻。直隸提督徐錕進鮮狍一隻，馬蘭鎮總兵慶惠進鮮鹿一隻、野雞九隻。在承德，各種野味皇帝吃得心滿意足，也樂意來此多駐蹕。

嘉慶二十五年（一八二〇年）七月二十六日，嘉慶帝病死在熱河。此後摳門的道光帝再也不願意去避暑山莊，將這裡閒置了幾十年。直到咸豐十年（一八六〇年），咸豐帝從京城狼狽出逃，避暑山莊才再次開放。

除了避暑，還能避難

咸豐十年（一八六〇年）八月初八，英法聯軍兵臨城下，咸豐帝不顧臣子們的勸諫，狼狽出逃。當日早上，咸豐帝在圓明園同道堂進早膳，早膳頗為豐盛，有鴨子白菜、栗子燉雞等菜餚十四品，大饅頭、蒸餅、小菜各一品，此外還有豬肉絲餛飩湯、老米膳、白米膳、粳米膳。吃好早膳後方才出逃，到了酉初（下午五時），咸豐帝方在南石槽行宮進晚膳。因為皇帝來得匆忙，行宮也沒有做好準備，故而當日晚膳不過是燒餅一品，外加老米粥、粳米粥、小菜而已。

咸豐帝第一天出逃，行宮準備不足，飲食很一般。到了第二天，供應就正常了。初九早上，咸豐帝在南石槽行宮進早膳，有豬肉片白菜、紅白鴨羹、蝦米醬、豬肉絲炒雞蛋、燒餅、油渣果等，另有小菜二品、豬肉掛丐湯、老米膳、粳米膳等。此後的數日，早晚膳雖沒有宮中那麼豐盛，但也不是太差。民間有傳說云，咸豐帝狼狽出逃，一路上供給不足，后妃不得食，只用豆腐充飢。而權臣肅順沿途則有大魚大肉供應，導致慈安、慈禧痛恨云云，則是齊東野語了。

咸豐帝一去熱河，就不肯回京城。他到了熱河之後，與洋人議和並將交事宜交給自己的六弟奕訢，對付太平天國的事宜交給了曾國藩，剿滅捻軍（按：反清農民軍）的事宜交給了僧格林沁，自己在熱河行宮中，可以安逸過快活日子。咸豐自親政以來，被內外事務困擾得焦頭爛額，未曾有過什麼清閒。此次他逃奔熱河後，突然之間，卸下了肩上的萬斤重擔，頓覺輕鬆，自然不肯再回京做那苦命天子。在熱河咸豐自稱「且樂道人」，逍遙自得，偷得浮生半日閒。咸豐患有癆病，時常咳血，而這種病在當時根本無法醫治，只能靜養。咸豐的身體情況，也使得他有了不回京的理由。而當時的大夫認為，服用鹿血可以治療此病。熱河一帶有著豐富的鹿資源，可以隨時取用新鮮的鹿肉、鹿血，供皇帝補養。

咸豐十一年（一八六一年），在熱河過完新年後，咸豐於正月初二下詔，定在二月二十三日返京。不料到了二月二十二日，咸豐下諭旨稱身體有恙，需要精心調養，至於回京之事，則待入秋後再行商量。自咸豐十一年萬壽節之後，咸豐臥床達半月之久。此後咸豐雖可起來行走，但氣色衰竭，神情頹廢，已有油燈枯竭之態。拖到七月上旬，咸豐突見好轉，明眼人都知道，這不過是迴光返照而已，咸豐自己卻沒有感覺。七月十四日，咸豐感覺身體稍好，就去如意洲看戲。看完戲後，次日咸豐突然病情轉危，但這個戲迷皇帝，仍拖著病軀去如意洲看戲。

七月十六日早上，咸豐點了羊肉片白菜、燴牛肚、羊肉炒豆芽、燒豆腐等。太醫一看他這麼能吃，估計是迴光返照。到了中午，咸豐果然昏倒，直到深夜才醒了過來，隨後召大臣入內，交代後事。七月十七日凌晨，寢宮內太監趕去御膳房，說皇上要喝冰糖煨燕窩，不料燕窩湯剛做好，寢宮內傳出消息，皇上於寅時駕崩。

咸豐帝駕崩當天，皇后鈕祜祿氏即循例被尊為母后皇太后，率眾嬪妃於靈前，懿貴妃那拉氏則無晉封。到了次日，那拉氏才被尊為聖母皇太后。慈禧、慈安祕密聯繫恭親王，發動政變，剷除了肅順集團，開始垂簾聽政。此後大清國的權柄，落入慈禧手中。而慈禧的手段與魄力，對時局的把握、對所謂祖宗家法的不屑，使得她能在此後威震朝野，無人敢與她爭鋒。咸豐帝之後，清室再無人來避暑山莊，此地被塵封良久，諸般野意風味，也只在文獻之中供人回味了。

3 皇帝巡遊的食材誰供應？皇莊

盛京是大清王朝入關前的政治中心，是入關後的陪都（按：一個國家在首都之外另外設立的都城）所在。清太祖努爾哈赤與原配孝慈高皇后的陵寢福陵，清太宗皇太極與后妃的陵寢昭陵，皆在此地。入關之後，清室前後有四代皇帝十次東巡盛京，恭謁祖陵。其中康熙帝三次，乾隆帝四次，嘉慶帝兩次，道光帝一次。

順治帝登基之後，一度想東巡祭祖，只是當時天下局勢未定，未能成行。一直拖到順治十三年（一六五六年），順治帝準備此年東巡，但此時南方戰事剛平息，各地天災頻發，只好斷了念頭。順治帝遺憾的表示，自己想要回東北祭祖，多年而未能成行，每念及此，常夜不能寐。直到去世，順治帝的東巡計畫始終未能實施。康熙帝親政後，很想去拜謁祖陵。康熙九年（一六七〇年），康熙帝預備東行祭祖，實現父皇的願望，但那年南方乾旱，北方水災，只好暫停。到了康熙十年（一六七一年）九月，康熙帝終於成行，從京城出發，前往盛京祭奠福陵、昭陵。

康熙帝第一次東巡時，留下了《松花江放船歌》：「松花江，江水清，夜來雨過春濤生，浪花疊錦繡縠明。彩帆畫鷁隨風輕，簫韶小奏中流鳴，蒼岩翠壁兩岸橫。」從中可以看出他心情愉悅。康熙二十一年（一六八二年）二月，康熙帝第二次去盛京謁陵，將平定三藩的好消息報告給祖先。第二次東巡時，康熙帝親自在江上捕魚，回到烏拉衙門後，設江魚宴招待群臣和當地老人。康熙三十七年（一六九八年），康熙帝第三次前往盛京，這次帶給祖先的好消息是，他擊敗了噶爾丹。第三次東巡，歷時三個半月，是時間最長的一次。

康熙帝東巡時，禮儀制度也不能有絲毫疏忽。御膳房中的各種飲食器皿，隨車裝了同行。內務府專門派蘇拉，負責器皿事務。除了從京城中攜帶大量物資外，還命沿途各地及盛京皇莊（按：明清兩代皇室直轄的莊田）準備大量物資供應。如康熙帝第二次東巡，除由盛京皇莊提供物資外，還從京城攜帶了四十車醃製肉、十四車的菜餚，以及供御膳房用的羊一千五百隻。

要什麼有什麼的大糧倉

皇莊為皇帝東巡準備的物資，具有濃厚的地方特色。如康熙帝第一次東巡時，皇莊準備了大量的醃白菜、滿洲小芥菜、開心小酸菜、不開心小酸菜、大醬瓜子、清醬瓜子、醃韭菜、醃茄子等。康熙帝第三次東巡時，皇莊備有各種豬油炒菜，如豬油炒白菜、豬油炒芹菜、豬油炒芹菜心、豬油炒胡蘿蔔、豬油炒菠菜。

東巡途中，眾皇莊準備了大量蜂蜜、各種新鮮水果及蜜餞，以及蘑菇、木耳、蕨菜等東北山貨。滿人早年在山海關外生活時，就喜食蜂蜜。入關後，各皇莊每年按季定期進貢蜂蜜，供宮廷享用。康熙三次東巡，聲勢浩大，也是大清國力蒸蒸日上的標誌。到了乾隆朝，大清國力處於顛峰時期，喜好巡遊的乾隆帝，自然不會漏下清室的龍興之地。乾隆八年（一七四三年）、乾隆十九年（一七五四年）、乾隆四十三年（一七七八年）、乾隆四十八年（一七八三年），乾隆帝先後四次東巡。

乾隆八年（一七四三年）七月，乾隆帝第一次東巡盛京。途中蒙古王公台吉前來迎接，隨同乾隆帝到木蘭圍場狩獵。在木蘭圍場，乾隆帝設私人宴席，款待蒙古王公台吉，在把酒言歡中加深了感情。乾隆帝沿途經過草原時，蒙古王公台吉們紛紛以自己草原上所產的牛、羊招待乾隆帝，當年康熙帝對草原羊肉的美味印象深刻，想必乾隆帝也會有佳評。

第一次與第二次東巡時，乾隆帝經避暑山莊，取道蒙古各部，再入吉林。一路上圍獵所得頗豐，蒙古各部也多有野味進獻，各種野味如狍、獐、鹿、雉等成了餐桌上的主食。還有一部分野味被快馬送回京城，賞給留守的大臣們，以示君臣情深。乾隆帝還效法祖父康熙，途中在松花江、太子河、遼河等處捕魚，設置魚宴。乾隆帝首次巡視東北時，就在吉林城近處的松花江面上，即興寫下了《松花江捕魚》、《採珠行》。

到了第三次、第四次東巡時，乾隆帝年紀也大了，沒那麼多精力，就沒有圍獵。此時已經設立了盛京內務府，專門處理各皇莊事務，由其提供大量食材，供皇帝及隨行人員使用。乾隆帝東巡途中，為了保證奶茶的供給，還特意準備了兩百頭奶牛。第二次東巡時，因為趕上了三伏天，額外準備了大量冰塊，既是供皇帝消暑，也是為了保存各種肉類鮮果。

乾隆帝第三次東巡時，已六十八歲，這個年紀的老人，最容易感慨，他特意指示後世的子孫，切不可忘記關外祖先們的陵墓，更不可畏懼路遠而不去謁陵，「嗣後每閱三年，即派皇子兩、三人恭謁祖陵」。嘉慶帝時期，曾兩次去盛京謁陵；第一次是嘉慶十年（一八〇五年），平定了白蓮教起義；第二次是嘉慶二十三年（一八一八年），平定了天理教起義。道光帝只去了一次，是在道光九年（一八八二年），平定了西域的張格爾叛亂後親赴盛京謁陵。

康熙、乾隆二朝，大清處於鼎盛時期，皇帝們也勵精圖治，開闢疆土，透過巡遊展示大清的實力，加強與蒙古各部結盟，穩定邊疆。嘉慶、道光二朝，大清開始進入衰退期，國力衰退，國內各種弊端顯露，此時的皇帝日益保守，只能因循守舊，期望熬過最艱難的日子。故而嘉慶、道光二帝的三次東巡，行程短，人數少，只以祭陵為主要目的，未將加強滿蒙政治聯盟的考量納入東巡。

道光雖摳門，東巡排場還是驚人

嘉慶十年（一八〇五年），嘉慶帝東巡時，用來裝載米麵油鹽、果品菜蔬、雞鴨魚肉的膳房用車有三十五輛。途中的膳食，雖不能與宮中時的排場相比，但也頗具水準。如在興隆屯大營進晚膳，有玉蘭片松子雞、萬年青酒煨肉、四喜雞皮燕窩海參、八寶鴨舌羹等菜餚，另有餑餑、雞肉口蘑包子、松仁澄沙饅頭等麵點。

雖說削減了規模，可嘉慶帝隨行人員也有萬餘人。隨行人員消耗了大量肉類、米麵、蔬菜、小菜、醬、豆製品等，食物有盛京內務府皇莊的供給，也有沿途各地官員的進貢。如嘉慶十年（一八〇五年）八月初九，皇帝駐蹕黃旗堡大營時，盛京將軍富俊獻上鮮羊一隻、黃羊一隻。其他官員也有鮮鹿、鮮鯽魚、羊等進貢，還有大量的水果，如蘋果、梨、葡萄、西瓜等。八月十九日，盛京戶部莊頭進貢了豬、羊、雞、鴨、魚等。各皇莊如果不能進貢物品的，則折算為銀兩交納，皇帝的出行，變成收帳了。嘉慶帝到了盛京後，各級官員也有膳食進貢。八月二十六日，富俊進呈晚膳，有雞皮燕窩、鹿筋酒肉、八寶鑲雞、火肉白菜、餑餑兩品、白糖油糕豬肉盒子等。

道光九年（一八二九年），道光帝開始了第一次，也是唯一一次東巡。他八月十九日從京城出發，經山海關、寧遠州到達盛京，歷時六十六天返回京城。東巡途中，沿途各皇莊供應的膳食物資主要有：醃白菜、滿洲小芥菜、開心小酸菜、大醬瓜子、清醬瓜子、韭菜、茄子、水蘿蔔、大紅蘿蔔、蔥蒜、芥末麵、做餑餑用的奶油、蜜、豬油、好白麵、做麻花和撒糕用的稷米（按：小米）及鵝蛋、雞蛋、高粱炒麵、小米炒麵等。此外各莊還為皇室及朝廷顯貴準備一日份的黃米、小豆、綠豆、芝麻油、燒酒，以及豬、鴨、雞、鵝等。道光帝雖然摳門，可東巡的開銷還是驚人，此次東巡後，直至清末，再無皇帝去盛京謁陵。

如果說嘉慶朝處於一個王朝出盛轉衰的下滑過程，到道光帝執政時，就已經到了下滑曲線的底部。他沒有康熙、乾隆那樣的十全武功，也做不到如雍正那樣剛猛為政、嚴肅吏治。平心而論，道光可能平庸，但他絕不昏庸；他也想有所作為，卻無能為力。他無法開源節流，那就勒緊腰帶，節儉治國。他也無法大力改革，只能小心翼翼、清靜無為，至於東巡，去一次也就夠了。

4 請皇帝吃飯，曲阜孔府最有經驗

在中國歷史上，曲阜的孔府是個獨特的存在，不管身處什麼王朝，不管時代如何變遷，他們一直享受著各種尊榮，為歷代王朝所供養。

西漢初年，劉邦封孔子的九代孫孔騰為奉祀君，漢元帝封孔子第十三代孫孔霸為關內侯、褒成君。唐玄宗封孔子為文宣王，又定下規制，此後孔子後裔，每代取長子一人承襲封號。至和二年（一〇五五年）三月，宋仁宗取「聖裔繁衍」，將孔

曲阜的孔府，孔子家族後代居住的宅院。（圖片來源：維基百科。）

府承襲爵位的長子正式定名為「衍聖公」。

衍聖公這個稱號，一直沿用到民國二十四年（一九三五年），前後長達八百八十年，明初五十五代衍聖公孔克堅，跑去南京拜見朱元璋表示尊奉新主。朱元璋對他的表態很滿意，賞給他大片土地。清順治元年（一六四四年），清室初定中原，第六十五代衍聖公孔胤植立刻上了道肉麻的《初進表文》，吹捧清室「六宇共戴神君。八荒咸歌聖帝。普天稱慶。恭惟皇帝陛下，承天御極，以德綏民」。對孔府的表態，清室很滿意，給予大量賞賜。經過千百年積累，孔府有著雄厚的經濟基礎，明清兩代皇帝賞賜的各種田地就達一百餘萬畝。這些田地可以世代承襲，每年孔府可以獲得大量地租收入。

清室執掌江山後，大力推崇儒家，孔子地位益高，衍聖公的地位也日益提升。大清會典中記載了衍聖公來朝時的招待規格。衍聖公來朝，與朝鮮等國貢使一般，皆用六等席，每席用熟雞一隻，經筵用熟鵝一隻，乳酒每瓶十斤，黃酒每瓶十五斤，奶茶以筒計。招待衍聖公時所用的是滿席，這也導致了孔府在飲食上效法滿人。同時清室也受到孔府宴飲一定影響，發生了一些變革。

孔府與清室的關係

孔府與清王室保持著密切聯繫，乃至出現了乾隆帝嫁女給孔家聯姻一說。此說認為，乾隆帝有一女兒，相士推算說命中有一劫，必須嫁入綿延千年的豪門貴族，才能消災。這樣的豪門貴族只有孔府一家了。清代滿漢不能通婚。乾隆帝遂讓女兒認大臣于敏中為乾爹，然後嫁入孔府。乾隆帝總共有十個女兒，五個夭折，另外五個分別嫁給了蒙古王公與滿人親貴，沒有嫁入孔府的女兒。乾隆三十七年（一七七二年），第七十二代衍聖公孔憲培娶妻于氏，于氏乃是朝中大佬于敏中小妾所生的女兒。母因女貴，在于敏中正房妻子去世後，乾隆帝特意關照，將于敏中的小妾給扶正。于氏即後世所傳，乾隆嫁入孔府的女兒了。

乾隆帝曾八次到曲阜，每次都要釋奠先師孔子。乾隆十三年（一七四八年）到曲阜時，「賜衍聖公孔昭煥及博士等宴」。乾隆三十六年（一七七一年）十月，乾隆帝到曲阜時，頒內府所藏十件姬周銅器給孔府。此年乾隆帝與其母同來曲阜，為了討好皇家，孔府一擲千金，沿途修建亭臺樓閣，準備了頂級的戲班，僱用了夾道歡迎的群眾演員。到達曲阜後，孔昭煥請皇帝進御膳兩次，用銀千兩，在所不惜。

孔府之中設有兩個大廚房，分內廚與外廚，負責孔府飲饌。內廚負責衍聖公及內宅家屬的日常飲食，外廚負責來賓的宴飲。內外廚的廚師，一些是世襲，代代為孔府服役；一些則是從省城及各地請來的大廚。對於飲食，孔子在《論語》中有很多論述，涉及食材的選擇加工、烹調的火候、食物的衛生標準、飲食時的禮儀等。歷代孔府後人奉行「食不厭精，膾不厭細」的精神，發展出了典雅的孔府宴。孔府的宴席繁多，有婚喪嫁娶、各種祭祀，還有招待達官貴人的。根據不同場合、祭祀節日的輕重，宴席的等級也有嚴格區分。

祝賀慈禧六十大壽菜單大公開

孔府宴會的最高等級宴席，用於接待皇帝及欽差。宴席上使用全套銀製餐具，菜餚據說有一百九十六道，包括各種山珍海味，如熊掌、鹿筋、燕窩、魚翅，還有烤全羊這樣的大菜和火鍋等。

孔府遇到喜慶壽宴，會製作「高擺酒席」。宴席上用四個高擺拼盤，用江米麵（按：即糯米粉。南方稱糯米，北方叫江米）製成一尺多高，碗口粗細的圓柱形，放在四個大圓盤中，圓柱表面和銀盤裡擺滿了各種乾果，擺放成各種圖案。圓柱正面鑲一個字，四個高擺中的字聯在一起，組成壽比南山的吉祥字樣。高規格宴席的必備三大件，即鴨子、海參、魚翅，此外有冷碟、熱碟、飯菜、乾鮮果、拼盤等。

孔府菜可分為宴席菜與家常菜兩大類。宴席菜有當朝一品鍋、燕菜一品鍋、白扒通天翅、御筆猴頭、神仙鴨子、一卵孵雙鳳、帶子上朝、懷抱鯽、詩禮銀杏、繡球魚肚等；家常菜有松子蝦仁、松子魚糕、一品豆腐、炒小豆腐、燒安南子、炒雙翠、雞皮軟燒豆腐、炒雞子、油淋白菜等。當朝一品鍋，意為衍聖公永為當朝一品官；帶子上朝、懷抱鯽，都是一大一小，放在同一個餐具中，寓意世代為官。神仙鴨子，是將鴨子裝入砂鍋，在鴨子上糊一張紙，隔水蒸。烤鴨、烤乳豬稱紅烤菜，此外還有白烤菜，將鱖魚用網油裹住，再包上麵餅，將魚包密，放入鐵盤上烤熟，然後拆掉麵皮，只食魚肉。

孔府的家常菜也很有特色，比如炒豆芽。這道菜將鮮嫩豆芽掐去芽和根，只留豆莛（按：豆芽梗），用熱油快炒後，鮮嫩爽口，當年曾得乾隆帝誇獎。為了這道菜，孔府還特意設立了掐豆芽戶，專門負責掐豆芽。也大量使用蝦仁，有翡翠蝦仁、松子蝦仁、腐乳蝦仁、三鮮蝦仁、雨前蝦仁等幾十種蝦仁菜。

西方稱豆芽是中國食品的四大發明之一，其他三個則是豆腐、醬菜和麵筋。豆腐、醬菜也是孔府的拿手家常菜。孔府家常菜中有各種精美豆腐菜，如蟹黃豆腐、七巧豆腐、軟燒虎皮豆腐等。豆芽和豆腐結合，就是名菜丁香豆腐。這道菜將豆芽的豆瓣去掉，只留豆芽，將豆腐切成極細的三丁形。將豆腐、豆芽炒熟後，一根豆芽搭配一個三丁小豆腐，合起來就是丁香花。孔府每年還醃製大量醬菜，如白菜、蘿蔔等。白菜只留菜心和幾片嫩葉，壓入缸內醃製，稱珊瑚白菜。蘿蔔用糖醋浸泡醃製，出缸後清脆爽口。香椿芽也是孔府的家常菜，每年都要收集數百斤上好的春芽，醃製後供一年使用。

在後世，孔府家酒大名鼎鼎，曾一度榮登央視標王（按：廣告招標得主）。孔府釀酒始於明代，主要是為了祭孔時使用，後來造訪孔府的貴人多，也用來作為招待用酒。乾隆駕臨孔府時，飲用孔憲培進獻的家釀美酒後很喜歡，此後讓孔府每年進貢孔府家酒。孔府每年定期給宮中進貢各種曲阜土產。如乾隆四十九年（一七八四年）二月、五月，孔府先後進貢兩次，如二月的貢品有豬九十口、羊九十隻、鵝九十隻、鴨九十隻、掛麵三箱、耿餅三箱，林蘋三箱、荸薺三箱、小菜三箱、野菜五味、點心五種。

最為風光的一次孔府宴飲是在光緒二十年（一八九四年）。慈禧太后過六十大壽，七十六代衍聖公孔令貽攜妻隨母上京賀壽。十月初四，孔令貽母彭氏、妻陶氏分別向慈禧太后進獻早膳一席，兩桌早膳用銀多達兩百四十兩，菜單相同。

早膳擺好後，慈禧太后入座，孔母雙手捧麵一碗跪進，孔妻在後面跪下。慈禧太后道：「妳真好，真穩當，妳這碗麵總是要吃的。」在賀壽期間，慈禧太后還詢問：「你們那裡有出產掛麵、冬菜、細菜嗎？」孔母回道：「是。」

孔府進獻的菜單如下：

● 大碗公菜二品：八仙鴨子、鍋燒鯽魚。
● 大碗菜四品：燕窩萬字金銀鴨塊、燕窩壽字紅白鴨絲、燕窩無字口蘑肥雞、燕窩疆字三鮮鴨絲。
● 中碗菜四品：清蒸白木耳、葫蘆大吉翅子、壽字鴨羹、黃燜海參。
● 片盤二品：掛爐豬、掛爐鴨。
● 懷碗菜四品：溜魚片、燴鴨腰、燴蝦仁、雞絲翅子。
● 碟菜六品：桂花翅子、炒茭白、芽韭炒肉、烹鮮蝦、蜜製金腿、炒王瓜醬。
● 克食二桌：蒸食四盤、爐食四盤、豬肉四盤、羊肉四盤。
● 餑餑四品：壽字油糕、壽字木樨糕、百壽桃、如意卷。
● 燕窩八仙湯，雞絲滷麵。

蒸食是蒸的麵點，爐食是爐烤的麵點，懷碗是一種小碗，因就近者之懷，又因為忌諱小碗之小字，故改名懷碗。片盤是將烤豬、烤鴨切片後裝盤。其中燕窩菜四大件，四道菜中的第三個字，合起來就是萬壽無疆。這道菜明顯受到了宮廷菜餚的影響。

孔府還高價僱用了戲班，在宮中唱戲三日，大拍慈禧馬屁。慈禧很喜歡孔家，親自賜宴，賞衣服字畫，對他們儼如家人。孔家回曲阜之前，慈禧太后賜給孔母、孔妻各種食物，其中有普洱茶、醬肉、香腸、香片、醬銀條、佛手薺、巴拉藏餅、雞蛋麻花、什錦糟餅、混糖點心、燕窩銀耳等。

到了光緒二十七年（一九〇一年），衍聖公孔令貽過生日，此年是他三十歲壽辰，大宴十日，開高檔席面七百一十餘桌，耗費銀兩六百一十餘萬文，風光無比。清室退位後，衍聖公並未受到衝擊。只是孔令貽對於清室有著深厚的感情，民國六年（一九一七年），辮帥張勳在北京復辟，衍聖公孔令貽極為激動，一天發了十二封電報祝賀。民國八年（一九一九年），孔令貽到北京覲見溥儀時，在京去世，此時他的遺腹子孔德成尚未出生。孔德成就是最後的衍聖公。

5 八國聯軍來了！慈禧自此愛上小米粥

光緒二十六年（一九〇〇年）七月二十日，八國聯軍於夜間攻城，當日一早，慈禧、光緒狼狽出逃。安排好的騾車已在宮門等候，慈禧改梳漢頭，著藍布大褂如鄉間農婦。光緒則穿青紗便衣，與平民同，拿了個赤金水煙袋，神色沮喪，倉促出宮。乘車出西直門時，天下著細雨，更讓出逃心中淒涼。

出逃的最初三日，他們沒有攜帶被褥，無替換衣服，也無熱飯吃。途中口渴，命太監取水，卻發現有井而沒有汲水桶，或井內有人頭。不得已之下，慈禧與光緒一起嚼高粱桿解渴。一路上他們坐在車內的一個冷板凳上，凍得牙關發抖，為了逃命，只能忍受。吃慣了宮中美食的皇帝、太后，何曾吃過這種苦？

七月二十三日，傾盆大雨，天色越發灰暗，天氣也日益寒冷，塞外的冷空氣密密的壓來，空氣之中湧動著不安，懷來知縣吳永，乃是曾國藩長子曾紀澤的女婿，此時正為自己的命運而犯愁。吳永此前剛剛被調往偏僻的威縣，而直隸的主要道路已被義和團控制，來往官吏都要經受核查，判斷是不是二毛子（按：清末稱信天主教或為洋人辦事的中國人）。吳永一直反對義和團，懷來地方上的義和團對吳永恨之入骨，依賴當地士紳的保護，吳永才未被殺。一旦他出了懷來城，只恐即遭毒手。吳永苦悶無比，只覺得自己是釜底游魚，煎糜在即，只能借酒澆愁，過一天是一天。

逃難的慈禧，吃粥還要求加雞蛋

懷來的城門除了西門，其餘均被義和團堵死。吳永被困在城內，來往的公文都由義和團查閱之後交給他。此日吳永突然收到義和團送來的緊急公文，心道此時來函，必然不是好事。打開一看，卻是延慶州發來的公文，一張紙上簡略的寫著，命他準備：「皇太后、皇上滿漢全席一桌，慶王、禮王、端王等各一品鍋」、「隨駕官員親兵，不知多少，應多準備食物糧草」。

吳永看了一時惶然，怎麼皇太后、皇上突然就到了懷來附近？與幕僚仔細查看後，吳永確定公文是延慶州知州的手筆。這突然到來的公文，對吳永來說是絕地逢生，「真可謂太陽一照，萬煞全消，八面羅網同時並脫矣」。

吳永測算了下時間、路程，預計明日一行人將走到榆林堡。榆林堡是個集市，距懷來縣城二十五里。榆林堡設有驛站，配有幾名工作人員，吳永當即決定，先派一人攜帶鍋灶及果蔬，連夜出城，到榆林堡做好準備。此後又派了一名廚師，用兩頭驢裝了食物前去榆林堡。到了夜間，吳永準備出城前往榆林堡，在城門口卻被義和團頭領攔住，詢問他出城何事。吳永道：「前往迎接太后、皇上。」

首領厲聲道：「他們皆已逃走，不配稱為太后、皇上。」吳永反駁：「皇上巡狩，全國以內皆可行。如我為知縣，私行出境，始可謂之逃走。若下本縣各鄉辦公，亦可謂之逃走乎？」頭領聽了大怒：「此乃二毛子口氣，應當宰了。」吳永看著情勢不妙，調頭就逃回衙門，義和團尾隨著大呼追趕。逃進了衙門，吳永命令護衛做好準備，有敢闖入者立即開槍。義和團一看他玩狠，不敢殺進來，吳永也出不去。

這樣僵持著，吳永生怕耽擱了接駕。他衙門內有馬勇二十名，都備有槍械，當即下令挑選八人，荷槍實彈，準備明日從西門殺出去，如果有敢阻攔者，格殺弗論。吳永又安排城內紳商將東門挖開，填平道路，迎接聖駕。城內官紳得到消息後，皆相顧錯愕，不敢發一語。最後議定，城內居民多準備食物、米飯、蒸饃、烙餅、稀粥等，多多益善，如果能佐以蔬乾鹽菜尤佳。正忙得不可開交時，此前派出去的廚師在路上被散兵給打傷右臂，狼狽逃回，兩頭驢子被搶走，菜餚都丟光。吳永又命廚師宰了三頭豬，忙了一夜，方才大致搞定。三頭殺好的豬，除了用來置辦宴席外，「別以大鍋三口，爛煮雜膾蔬肉」。

一早吳永帶了八名馬勇出城，卻發現義和團都已散盡。原來義和團在吳永衙門裡安插了耳目，探悉皇太后、皇上真的要來後，義和團害怕被屠戮，當夜逃散一空，紅布紅衣散了一地。出城之後，大雨如注。待雨稍停，吳永迎接到兩宮，此時兩宮飢寒已兩日兩夜，情狀極困苦。一路逃到懷來時，光緒帝手裡捧了個小匣，裡面放了五個棗子和一個燒餅。

吳永將慈禧一行接到榆林堡後，卻發現當地居民早已逃散盡，驛站中只剩下驛丁一人。原先準備的菜餚都被亂兵搶走，驛站中只剩下一大鍋小米綠豆粥，這還是驛丁苦苦哀求，稱是接駕用的，才僥倖保存了下來。吳永當即命令八名馬勇荷槍實彈，保護好這鍋粥。慈禧安定下來後，把吳永找過去訴苦，隨即詢問有沒有吃的。聽吳永說有小米綠豆粥之後，慈禧大喜：「有小米粥，甚好甚好，可速進。」

吳永盛了碗小米粥，卻發現沒有筷子，所幸吳永身上帶有小刀牙筷，趕緊擦乾淨送上去。其餘人都沒有筷子，慈禧就讓折了高粱桿代替。能吃上綠豆粥的，都是親王與貼身太監，跟著出逃的軍機章京們只能挨餓。慈禧吃了粥後還不滿足，問吳永有無雞蛋。吳永親自去集市內挨家挨戶尋找，總算找出五顆雞蛋，自己取水點火煮熟了送進去。不久李連英出來誇獎：「老佛爺很受用，所進五卵，竟食其三。餘二枚賞給萬歲爺。」

過去北京人常避免說蛋字，因為北方罵人的話中，多有蛋字。連帶著，蛋字被認為不雅，用黃菜、木樨、芙蓉、雞子兒等來指代雞蛋。木樨，即桂花，因蛋花湯色黃如桂花，故被用來指蛋花湯。蛋糕稱「槽糕」，因為製糕時入槽。只有用茶葉所煮的雞蛋，稱茶雞蛋。

在寒風大雨中，坐冷板凳逃了三天的慈禧、光緒又冷又餓。一鍋熱乎乎的粥，再加上吳永親自尋找到的雞蛋，讓慈禧頓時補充了熱量。到了懷來縣城之後，吳永又翻出幾件厚衣服進獻給衣著單薄的兩宮，此時他們才稍恢復些體面。

北京的排場，苦了西安的御膳房

到七月二十五日，小小懷來已是人頭攢動，到處是達官顯貴、宮女太監、扈從士兵。為了這些人的吃穿住，吳永忙得焦頭爛額，因為走路過於頻繁，一雙鞋子也磨破了。當日傍晚，吳永收到軍機處字條一張，命吳永辦理前路糧台。吳永無奈之下，只能受命，跟著慈禧一行前往西安。可沿路籌備糧草，吳永手中無錢無人，叫苦不迭之時，突然想起岑春煊（清末重臣）隨身帶了五萬兩銀子。吳永遂透過莊親王奕劻找到慈禧，請求任命岑春煊為督辦糧台。

慈禧剛吸足水煙，沉思良久道：「爾這主意很好，明晨即下旨。」隨後慈禧又誇獎了吳永一番，表示不日將有恩典，又道：「爾之廚子周福，很會烹調，方才所食扯麵條甚佳，炒肉絲亦甚得味。我意欲攜之隨行，不知汝願意否？」皇太后看上自己的廚子，吳永高興還來不及，立刻表示同意。到了傍晚，太監過來告訴吳永，周福賞六品頂戴。周福真是有福，在這兵荒馬亂之際，靠著一手廚藝，竟然能平步青雲。

慈禧吃的粥極為講究，有肉粥、果粥、小米粥、荷葉粥等，隨季節不同變化。唐晏《庚子西行紀事》中記載，慈禧、光緒從京城出逃，將於七月二十四日到達宣化，提前派人來通知準備接駕。宣化準備的御膳，給慈禧、光緒上八八酒筵加一品鍋一個，早膳則黃糕一碟、杏仁茶一碗而已。至於王公大臣，通用一品鍋加菜四色。八八酒筵，即京城周邊流行的八八席，在排場、程序和儀式上頗為講究，是簡化版的滿漢全席。慈禧提前通知，要「多備小米粥」、「蓋聞御膳並不能下嚥，而以小米粥為常餐也」。

八月十五日，兩宮至忻州。行宮設在貢院，陳設富麗，為沿途中條件最好的。當日進上鮮果六色，慈禧品嘗後很喜歡，旋即賜下月餅、蘋果兩盤給臣子。在太原休息一個月之後，兩宮繼續西行前往西安。光緒帝途中吃到蕎麥粥，所費不過數文。

庚子年九月初四，慈禧一行到達西安。為了迎接慈禧、光緒的到來，陝西官員做了充分的準備，先是打算將陝西巡撫衙門用作行宮，並占用了旁邊的陝西中學堂。至慈禧入陝西時，仍未竣工。此時陝甘總督已搬往蘭州，見總督衙門空著，就緊急裝修，用作行宮。慈禧到達西安後，嫌總督衙門房屋太少，仍住在巡撫衙門。

車經過西安廣濟街口時，有個很陡的坡，於是放慢了行進速度。此處附近，有某戶人家在烹煮臘羊肉，慈禧聞到香味後，饞蟲大動，命弄些來嘗試。慈禧嘗後非常讚賞，此肉從此揚名於西安，成為西安一絕。到了西安，慈禧每日膳食費兩百兩銀子。岑春煊認為伙食費太多，請求慈禧太后節儉些。慈禧則舉出在北京時的排場，並說：「向來在京膳費，何止幾倍！今可謂省用矣。」最後在岑春煊的執意請求下，慈禧才將伙食費多少減了一些。

西安御膳房，設葷局、素局、飯局、菜局、粥局、茶局、酪局、點心局等多種，每局廚師多者有十數人，各種菜點一應俱全。西安行宮極狹窄，膳房在東，炭房在西，很多太監沒法在行宮內居住，就住在外面。

西安交通不便，初期時，菜品不過是雞鴨肉之類，後來各地大員陸續進貢了燕窩、海參等物，御膳房的伙食標準提升了一個檔次。到了西安，光緒開始吃素，愛吃豆芽菜。西安果品少，沒有什麼可進貢的，只有同州瓜、渭南桃口味較好，陝西地方官每次採購數百枚進獻。看到瓜果，兩宮回憶起在宮中的奢華，不由生出悽楚之感，再三慰勞陝西官員。又命陝西地方官，停止進獻瓜果，以免浪費財力。其實地方官直接購買，所費不過銀錢數千而已。

西安行宮膳房極簡單，因為鮮魚難求，菜單上也不再有魚，對此兩宮也沒有什麼意見。國難當頭，只好一切從簡。為了製作乳酪，御膳房一度曾想採購牛，但那年陝西遭遇災荒，很難買到牛，數月之間，僅購得七、八頭。兩宮回京後，這七、八頭牛因為曾經為兩宮服務過，故而命西安府仔細豢養，一切芻秣由官方供給，又於府署馬廄側，樹起木柵欄。

庚子年西狩，麵筋成了宮廷日用菜

陝西各地災民無以下炊，遂在年底湧入西安，包圍行宮請願。西安的軍機大臣榮祿出面勸阻災民。災民將榮祿層層包圍，要求面見太后與皇帝，陳述民間疾苦。經好言相勸，災民方才散去。慈禧聞知此事後，連忙下令開設粥廠，賑濟災民，安撫人心。

慈禧喜歡聽外邊的事情，到了西安之後，每次召見吳永時，都讓他隨意說話。於是吳永就將地方上的利弊、民間疾苦一一說來，一講幾個小時。至軍機大臣被召見時，慈禧大發雷霆，叱責軍機大臣瞞報地方上情況。軍機大臣們都相顧失色，連忙跪下磕頭，心中對吳永痛恨不已。此時各省拖延解送西安的餉銀，軍機大臣就上奏，請派隨同出行的大員到各地催促，並保舉吳永去了兩湖，此後大家都樂得清靜。

庚子年西狩時，途中缺乏食物，大臣們在鄉野間四處尋覓，從農家找了麵筋，煮了獻給慈禧。慈禧吃後讚不絕口，嘆道：「朕六十老人，今日始嘗此味，庶民日食不知佳，其故何耶。」慈禧回京之後，便以麵筋為宮廷日常用菜。數萬人的血、無數家庭的破碎、半壁江山的淪亡，不過換得慈禧、光緒一次不愉快的旅行及片刻的節儉，這代價太過高昂。

第3章　南北大雜燴，匯到皇帝餐桌上

光緒二十七年（一九〇一年）八月二十四日辰刻，兩宮聖駕自西安行宮啟蹕。從西安行宮修繕開始，至慈禧離開西安，前後花費將近五百萬兩。慈禧鋪張無度，弄得陝西官場人人頭大，陝甘總督升允見慈禧時，只不過問了句能否如期返京，慈禧就大怒道：「你只想我早點兒走，好裝自己腰包。」慈禧如此揮霍，難怪當兩宮西逃的消息傳出後，西北一帶富商紛紛舉家逃往四川或東南地區，以免家產被勒索一空。

第4章

市井飲食也入宮，人間美味廣流傳

1 一碗臘八粥，改寫革命大歷史

宋代《東京夢華錄》中載，每年的十二月初八，街巷中有僧尼幾人，排隊念佛，以銀或者銅製作的盆中，放置一尊佛像，浸以香水，用楊枝灑浴，稱為浴佛會。此日各大寺廟製作並贈送七寶五味粥，與門徒分享，稱臘八粥。此習俗傳播開來後，每到此日，京城人家也以果子雜料煮粥而食。

到了清代，此習俗為清室所繼承。清代于敏中等編《日下舊聞考》載，十二月八日，宮中賜百官臘八粥，民間則以米果熬臘八粥，此乃沿襲宋時故事。《燕京歲時記》中載：「臘八粥者，用黃米、白米、江米、小米、菱角米、栗子、紅豇豆、去皮棗泥等，合水煮熟，外用染紅桃仁、杏仁、瓜子、花生、榛穰、松子及白糖、紅糖、瑣瑣葡萄，以作點染。」

清代的臘八粥，以雍和宮的最為出名。《（光緒）順天府志》中載：「每歲臘月八日，雍和宮熬粥，定制派大臣監視，蓋供上膳焉。其粥用糯米、各色果品與糖而熬，民間每家煮之或相饋。」雍和宮熬臘八粥的習俗，始於乾隆年間。乾隆九年（一七四四年），將雍和宮改為藏傳佛教寺院。每逢臘月初八，在喇嘛僧人誦經的同時，雍和宮院內的大銅鍋開始熬粥。雍和宮一般熬五大鍋粥：第一鍋粥奉佛，第二鍋粥進給宮內，第三鍋粥賜給諸王，第四鍋粥賜給文武大臣，第五鍋粥賜給寺廟喇嘛和侍從。第三鍋至第五鍋的粥，每次都會剩很多，將剩粥全部混在一起，賞給京內百姓。

清人詩云：「臘八家家煮粥多，大臣特派到雍和。聖慈亦是當今佛，進奉熬成第二鍋。」雍和宮熬粥由內務府負責，提前就要做好準備。十二月初一，內務府派人帶領雜役，將熬粥所需要的各種食材及盆碗備好；十二月初二一早，各項物品用馬車運到雍和宮，此後幾日各類物品陸續運到，至初五時必須備齊各項物品；十二月初六，皇帝欽點蒙古王公一人，會同總管內務府大臣兩人，統領司員、廚師、雜役到雍和宮開工；初七，蒙古王公親臨雍和宮，一聲令下，生火熬粥。熬粥的鍋極大，可以容米數石；到了初八凌晨兩點，臘八粥熬熟，派專人將粥盛好，在雍和宮的佛像前供奉。粥熬好後，由供粥大臣在主持完典禮後，回宮奏報，稱交粥差。

雍和宮熬粥時，聲勢浩大，禮儀隆重，所熬出來的粥，除了供佛及進呈帝后、頒給王公大臣外，還將部分餘粥施給平民。

雍和宮所不及的七寶蜜炒粥花樣

雍和宮臘八粥，京城婦孺皆知，但也有人認為，它的味道，不及御膳房飯局所製七寶蜜炒粥的百分之一。御膳房飯局負責製作七寶蜜炒粥。每年臘月初一，領取熬粥所需的米豆果，初五領齊後，開工熬粥。先用沸水浸洗各種果料，如金絲棗、山楂、青梅、葡萄乾等，洗淨後分別盛裝好，稱揀果料。再將各色雜糧米及豆類，倒在桌子上，剔除腐壞的及形狀不好看的，稱挑豆。挑選好了，裝盆用沸水沖泡，稱為淘盆。淘洗後開始煮水下米，名曰下鍋。

每一鍋只煮一種，有米豆若干種，則分若干鍋開煮。因質料不同，不能同鍋煮。各種米豆果所煮的程度，以熱爛而不碎為標準。煮好後，用鋼笊籬撈出，放在盆上，過濾乾淨水盆，稱為控盆。處理好果料米豆後，開始用大鍋熬蜜。同治帝以前，熬蜜使用吉林打牲烏拉所產的野生蜂蜜，後改用洋蜜。蜜煮沸後，將煮熟過濾乾淨水分的雜糧米慢慢兌入。兌米之時，一人看火，一、兩人把鍋，在鍋內攪拌，以避免米蜜煮糊黏鍋。

蜜與米攪拌均勻後，因為沒有水分，蜜包裹米，如同一體。此時將泡透的各種蜜果、乾果，連湯一起放入鍋內，仍然要用力攪拌，等米蜜形成大蜜團，溶解成糊狀，才將鍋離火。熬蜜時所用的不是煤火，而是炭火。將熬好的粥分別盛在黃龍碗內，再將碗放入冷室，待粥冷後，粥上會有一層厚膜，稱為粥皮。此種凍晾工作，稱為晾盆。晾盆結束後，開始進行有技術含量的擺花樣。不單御茶膳房及御膳房有此等人才，京城內的一些大茶房中也有這種人才。

不過御茶膳房中的技術不是民間所能及的。擺花樣又稱擺果子、堆粥花，用瓜子仁、核桃仁、葡萄乾、青梅、紅絲、橘子、蘋果、蓮子、金糕等五色乾鮮果品，在粥皮上擺出各種平面圖案，如萬壽無疆、五福捧壽、五龍鬧海、鳳垂牡丹等。其技術不但體現在各種圖案栩栩如生，紋路生動細膩，更體現在能在數寸大的粥皮上，擺設出各種鳥獸花果，雖是一毛一羽，也唯妙唯肖，如同刺繡而成。

在花紋的空隙處，填以白、黑、紅、黃、綠五色糖（用白糖加色染成），以不使粥皮露出為度。擺花樣之後，還有碼花樣，更考驗技術。碼花樣，即在花粥的中央處，疊堆出五、六寸的各種造型，如獅子滾繡球、龍鳳呈祥、大花籃、麻姑獻壽、八仙人物等，凡花草人物、禽獸古玩，皆用蒸透的山藥泥捏成模型，再用百果裝飾。鳥獸羽毛、人物眉目衣冠，皆唯妙唯肖。

等七寶蜜炒粥完工時，已是初七夜間，由供粥大臣、司香太監，分別供奉在宮內各處佛殿，及進呈帝后妃嬪所用，其餘則賞給值班大臣、書房師傅、親王、郡王、貝勒貝子等，稱為賞粥。賞粥是清代大臣的榮耀，只是此粥必用水融於鍋，才能食用。否則一塊大蜜糕，根本無法入口。

帝后的日常，永遠少不了粥

帝后每日的生活中，粥也是不可或缺。御膳房中的飯局，專門負責熬煮帝后日常膳食的粥飯。宮廷所熬的粥類品種眾多，有果子粥、臘八粥、豇豆粥、福米粥、薏米粥、香稻米粥、綠豆黃米粥、小米粥、大麥米粥、玉米仁粥、玉米碴粥、高粱米粥等，原料大多屬於五穀雜糧。如果子粥的食材有大黃米、小黃米、綠豆、紅棗、核桃仁，均屬有益健康的雜糧豆類。到了晚清，王朝雖處於風雨飄搖之中，可宮廷中的供應，不曾減少分毫，各種粥是每餐必備。在宣統二年（一九一〇年）十二月當月的早膳膳食單上，可見老米膳、旱稻粳米粥、甜漿粥、果子粥、高粱米粥、玉米仁粥、福米粥、粳米豇豆粥、甜醬粥之類。

辛亥革命之後，因為熬臘八粥而引發的一場刺殺，擊碎了親貴們復辟的夢想。中華民國臨時政府成立，以禁衛軍都統良弼為首的貴族組織宗社黨，準備集結兵力，與革命軍一決雌雄。十二月初七，同盟會骨幹彭家珍打聽到次日清廷以臘八粥賞賜群臣，良弼等人將利用此次機會，商議對南方用兵。彭家珍決定次日行刺良弼，當夜寫好絕命書，將後事交代完畢。刺殺行動中，彭家珍扔出炸彈，良弼的左腿被炸斷，他自己被一塊彈片擊中頭部去世。良弼受傷後不治身亡，而興兵作戰一事也告流產。這真是小小一碗粥，改寫大歷史。

皇宮中熬臘八粥，重視的是氣派，雍和宮內大鍋熬粥，萬眾矚目，彰顯皇家的氣度。可一般百姓吃臘八粥，既是為了一嘗各種食蔬果料，也是討個彩頭。民間的臘八粥，南北有別。北方的臘八粥熬成之後，色澤紅潤，用糖調味。在我的家鄉靖江，每到臘八，卻是將花生、青菜、胡蘿蔔、蠶豆等八種食材，一起熬成稀粥，這種稀粥味道卻是鹹的。祖母在世的最後一年，要熬臘八粥，缺一味胡蘿蔔。我要去鎮上買，祖母以天冷為由，讓我不要去，留下遺憾。此後多年，每至臘八，不由憶起祖母與臘八粥。

2 平民食物，豆汁兒從乾隆紅到民國

在歷史上很早出現，《齊民要術》中就記錄了豆汁兒。不過早期豆汁兒是被作為藥物來使用，如《千金翼方》中就記錄了幾十種與豆汁兒相關的藥方。

到了清代，豆汁兒成為北京民間流行的一種食物，以綠豆為原料。北京豆汁兒的製作，也有一段有趣的故事。說是北京某粉房（製作綠豆粉皮乾粉的店），用綠豆為汁，有一天天氣炎熱，粉房中的數桶豆汁兒因為發酵變味。粉房老闆小本經營，捨不得丟棄，就試著喝了下，結果發現酸中略帶甜味，於是將汁煮沸了再喝，則甜酸各半，豆汁兒由此橫空出世。之後粉房如果有出售豆汁兒的，其儲存豆汁兒的大缸，必須放在門口通風之處，絕不能與製粉所用的豆汁兒缸靠近，以保證不混味。

清宮之中，乾隆十八年（一七五三年）以後，豆汁兒才開始出現在帝后的餐桌之上。乾隆十八年，內務府接到了一道諭旨稱：「近日京城新興豆汁兒一物，已派伊立布

（大臣）檢查是否清潔可飲，如無不潔之處，招募豆汁兒匠人兩、三名，派在膳房當差，所有應用器具，准照野意膳房成例辦理。」由諭旨來看，乾隆帝對市井之中流行的食物充滿了好奇，為此特意讓內務府為他採辦豆汁兒。

豆汁兒是北京人的最愛。老北京人說豆汁兒，一定要加兒字，如同說雞子（雞蛋）要加兒字一般。豆汁兒備受北京人鍾愛，可外省旅居北京者，沒有十年以上的居住時長、每日的不斷食用，很難習慣。豆汁兒難以為外地人所接受，卻是北京人的最愛，故而北京人得了個豆汁兒嘴的雅號。豆汁兒嘴、老米嘴、滷蝦嘴，並稱為北京三嘴。北京三嘴之中，滷蝦即滷蝦小菜，以老米配合熬豆汁兒，佐以正宗關東滷蝦小菜或滷蝦秦椒，甜酸鮮辣。在過去，此三樣被視為真正的老北京風味。到了民國年間，老米已絕跡，滷蝦都是假貨，只有豆汁兒尚存。

民國年間的京劇大師言慧珠是豆汁兒行家，她說，北京天橋附近有一家豆汁兒店，味道最好，她常與京劇小生泰斗葉盛蘭相約一起去喝豆汁兒。到了抗戰期間，梅蘭芳在上海隱居，弟子言慧珠每去上海演出，必用四斤的大玻璃瓶裝滿豆汁兒，坐飛機帶去孝敬師尊。梅夫人對饋贈豆汁兒者，必回請國際飯店的大餐一頓。

豆汁兒三大製法

據民國時的崇璋說，豆汁兒分甜、酸、甜酸三類。製作純正豆汁兒的豆汁兒房，必定要用三排不同的大缸，儲存三種不同豆汁兒。光緒庚子年後，百姓生活日艱，人心不古，製作豆汁兒時，開始摻入其他各種豆類，豆汁兒的口味也漸漸變腥，腥者乃是黑豆、黃豆的味道，甜者則是綠豆味。

綠豆汁兒可以生飲，能解藥性，故而病人在服用中藥之後，要忌服豆汁兒，防止化解藥性。在炎熱天氣中，飲豆汁兒能清熱解毒，但過去的習俗相襲，一到夏至，即要戒飲熱豆汁兒，認為它會引起暑氣，其實是誤解。受此習俗影響，清宮御膳房，從立夏後五日，即停止供應豆汁兒，至九月才開缸再製。

熬豆汁兒有三種方法：勾麵、下米、清熬。勾麵，即將綠豆與麵粉少許，用清水調成稀薄液體狀，熬成豆汁兒，味道清甜，豆汁兒攤出售的都是此類。下米，即將豆汁兒內加入些許米粒熬製而成，汁味甜而米味酸。有一說認為，用米熬豆汁兒，小米不如白米，白米不如碎白米，碎白米又不如紫色老米。豆汁兒是廉價物，不宜用精米，米越劣則味道越佳。老米帶有糠味，糠味與酸味混合，則酸味變成酸中略帶甜香。

也有人用剩飯來熬豆汁兒，飯香與豆汁兒的酸甜混合，有了新的味道。慈禧太后未曾入宮時，家中貧苦，每日吃剩飯熬豆汁兒，稱為豆汁兒飯。入宮之後，慈禧偶爾想吃此物，命御膳房獻上，御膳房卻沒聽說過這窮人的豆汁兒飯。豆汁兒最簡單的做法是清熬，即不加麵粉，也不用米飯，只熬豆汁兒，煮沸數次即可。這是赤貧之人熬豆汁兒的方法，既省原料又省柴火，三枚銅板，可熬一大鍋，充飢耐寒，可以飲用數日。

京城裡的豆汁兒，是旗人的最愛，八旗子弟遊手好閒、坐吃山空，最後只好追捧便宜的豆汁兒，再加上辣鹹菜絲。北京城裡，「賣力氣的苦哈哈，一臉漬泥兒，坐小板凳兒，圍著豆汁兒挑子，啃豆腐絲兒卷大餅，喝豆汁兒，就鹹菜兒」（按：出自梁實秋的《豆汁兒》），也算是自得其樂。

府門頭兒的姑娘、哥兒們，不便在街頭巷尾公開露面，和窮苦的平民混在一起喝豆汁兒，也會派底下人或者老媽子拿砂鍋去買回家裡，重新加熱大喝特喝，而且不忘叫人帶回一碟那挑子上特備的辣鹹菜。家裡儘管有上好的醬菜也放在一邊，必須是廉價的大醃蘿蔔絲拌的鹹菜才夠味。

清朝的沒落，他不悲傷，只遺憾豆汁兒

在晚清官場上，有個著名的吃貨那桐，乃是豆汁兒的忠實粉絲。每日裡一大早，那桐就派親信僕人，從他住的金魚胡同宅裡，捧著小砂鍋，去隆福寺買豆汁兒、辣蘿蔔絲鹹菜回家。順帶說下那桐此人。那桐身後留下一部日記，記錄期間從光緒十六年（一八九〇年）至民國十四年（一九二五年），長達三十五年。民國元年（一九一二年）之前的日記，由他親自書寫，之後因為右臂中風，改為口述由他人代書。那桐的日記中，很少談論當時政事，主要涉及日常交際，可以看出他有著深度社交癖。

那桐出自葉赫那拉氏，屬滿洲鑲黃旗人。那桐三歲喪父，其父即咸豐九年（一八五九年）科場案中被殺的浦安。浦安死後，那桐由叔父銘安養大，光緒十一年（一八八五年）考中舉人，分到戶部擔任主事，此後在戶部任職長達二

清末朝廷重臣那桐。（圖片來源：維基百科。）

十年。那桐身體肥胖，臉白而圓，被稱為「天官臉」，是福相中的福相，他這一生之中，也得到了不少貴人的照拂，不然以他平庸的資質，一生只能在戶部做個小職員。在戶部期間，那桐得到了主管戶部的翁同龢的青睞。在翁同龢的提攜下，光緒二十二年（一八九六年），那桐被破格提拔為戶部銀庫郎中。

戶部銀庫郎中，更是肥差中的肥差，那桐賺得囊中滿滿，而戶部銀庫則被搞得一塌糊塗，甚至出現了有人在銀庫大門外撿到銀錠的事情。光緒多次指示，要嚴厲整頓銀庫，可銀庫積弊整頓了無數次也沒有奏效，光緒這個弱勢天子的命令，誰又會去認真執行？最後也不了了之。那桐在銀庫撈足錢之後，在光緒二十三年（一八九七年），購買了一處當鋪，花去五萬三千兩。次年又購買了一處當鋪，花去七萬兩千兩。

庚子年慈禧出逃、八國聯軍入京之後，那桐留在京城與各國周旋，也受到各國重視，聯軍甚至派了兩名俄國士兵幫他看門。庚子年之後，總理衙門改為外務部，那桐出任外務部尚書兼步軍統領。雖經歷了光緒朝的多次巨變，那桐的一生基本上是平穩安順的。甲午戰爭時期，前方戰事激烈，國內水患四起，那桐歡飲如故。他在日記中表達了對戰事吃緊的無可奈何，筆鋒一轉，依然是歌舞昇平。一年夏天，京城連日陰雨，那桐不能外出，抱怨道：「鬱鬱家居，使人悶損。」不管是甲午戰爭、戊戌變法，他都安然不動，照樣過他的日子，他的信條是「今朝有酒今朝醉，一年又過一年春」。

在他幾十年的日記中，每日記載的都是走親訪友、賀喜、看戲聽曲，他陶醉其中，樂此不疲。那桐的娛樂活動豐富，他喜歡看戲、看花燈，更喜歡新鮮事物，如電影。對於飲食那桐極為挑剔，他的好吃在當時是出了名的，據說他每餐必有參翅等物，一月飲食開銷六、七百兩銀子。

對於西方事物，那桐毫不排斥。光緒二十三年（一八九七年），那桐第一次坐火車到天津旅遊，看到租界洋樓林立，燈火輝映，不由感嘆，此後他經常帶著家人去看新開通的火車。第一次吃西餐，喝洋酒，他讚不絕口，「甚佳、甚酣」，之後經常跑去天津吃西餐，喝洋酒。那桐對天津充滿了好感，後來在天津置業養老。

光緒三十四年（一九〇八年）十二月十一日，袁世凱被罷去軍機大臣之後，那桐入軍機處，這是那桐政壇生涯的頂峰。那桐沒有任何政治理念，沒有政治野心，他心寬體胖，只想過好自己的小日子，這種人自然讓政壇大佬們放心。那桐曾監修某項工程，同僚對他公然收受賄賂很不滿，那桐卻笑道：「你是個大姑娘，貞節要緊，我則早非完璧，不在乎此矣。」同樣愛財的慶親王奕劻與那桐惺惺相惜，結為一黨，共同發財，時人稱之為「慶那公司」。當了軍機大臣之後，那桐招搖瀟灑。宣統元年（一九〇九年），每天早上在軍機處例行召見之後，那桐就忙著各種應酬。他的日記充斥著拜客、訪客、便酌、拜壽的字樣，足見他是個深度社交癖患者。

那年秋天，他坐火車到京外遊玩，「半山紅葉，一抹斜陽，秋景極為鮮豔，真樂事也」。到了元旦，因為大風天寒，「在家婆娑半日，頗得閒趣」。新潮的他，已開始看起了電影，十二月二十日「約花園及大四姑奶奶看平安電影」（電影在中國興起的頗早，一九〇二年上海就已開始放映電影，一九〇七年天津開辦了權仙電戲園）。

宣統二年（一九一〇年）春節，那桐五十四歲，一大早他就去攝政王載灃處請安道喜，慶親王奕劻、軍機大臣世續、鹿傳霖同來道喜。他在日記中記載，「國事極順遂，天氣亦晴暖」，他彷彿絲毫沒感受到地下奔騰洶湧的反清聲音。

對新鮮事物，那桐總是要搶先一睹為快。三月初十，東直門外自來水公司建成，水塔高十八丈，那桐一早吃過早飯就去參觀，驚嘆壯麗可觀。在一片忙碌中，那桐度過了宣統二年（一九一〇年）。宣統三年（一九一一年）春節，那桐記道：「自夜間落雪至申刻止，祥霙盈尺，預兆豐年。」這一年對大清帝國來說，卻是多災之年。驚濤駭浪中，那桐用平靜的心，迎接大清帝國的覆滅。三月三十日，革命黨在廣州發難的消息傳到北京，那桐的反應是：「今接電粵東匪黨起事，焚毀督署，傷斃衛兵，幸當時捕獲數十名，安靜如常。」辛亥革命爆發後，那桐照例顯示了他的淡定。對氣數已盡的清室，他沒有特別的感觸，只不過在日記中記下了「桐於本日交卸協理大臣」，也就停筆。

至清帝退位後，他也沒有任何悲傷，只是記載了「本月奉懿旨三道，宣布共和立憲政體」。辛亥革命之後他跑去青島，繼續過他的快活日子。《申報》載：「那桐以數百萬贓銀存青島外國銀行，那桐與其妻則於初九日上午乘車出北京，赴青島潛藏。」青島氣候宜人，環境優美，那桐在此流連忘返，唯一的遺憾就是，不能喝到他在北京最愛喝的隆福寺豆汁兒。

3 吃過宮中豆腐羹，哪怕丟官也值得

清代《國朝宮史續編》宮份（工資）中，記錄了清宮內的配額待遇，從皇太后到妃嬪，再到阿哥格格，每人每年均有金銀綢緞貂皮等供應，在食物配給上也有詳細清單。如皇太后每日豬羊各一口、豬肉十二斤、雞鴨兩斤、雞子兒二十斤、粳米等米共六升五合；各種粉麵共十九斤、豆豉與芝麻共四合五勺、豆腐各品件共四斤八兩，糖蜜雜果共四斤三兩七錢、油醬醋共六斤十三兩、生菜十五斤、茄瓜共四十斤。

豆腐是每日的配備品之一，如皇后每日豆腐三斤，皇貴妃、貴妃、妃、嬪、貴人，每日均是豆腐兩斤。到了常在，每日豆腐降為一斤。雖然豆腐值不了幾個錢，但還是有所區分。在宮廷之中，豆腐是備受推崇的一道菜。

民間傳說，康熙帝十分喜愛吃質地軟滑、口味鮮美的菜。南巡時，他在蘇州吃了道八寶豆腐羹，大為讚嘆。這道菜以豆腐為主，以蝦仁、雞肉、火腿、蕈菜、香菇、瓜

子、松子等為輔，搭配濃雞湯，加各種調味料，燴成羹狀。傳說歸傳說，到了康熙四十四年（一七〇五年），康熙帝第五次南巡，不但飽食了一番豆腐，還賜給臣子一道豆腐的烹製方法。清代《聖祖五幸江南全錄》中記錄，十五日早上，江蘇巡撫宋犖進獻百花糖、綠豆、芥菜、鴨脯四色。江蘇地方紳商、官員再三挽留康熙帝，康熙帝甚喜，傳旨再住一天。當日康熙帝龍顏大悅：「賜江蘇巡撫宋犖燒炙雞鴨、人參、酒、長生豆腐四色，隨謝恩。」

宋犖在《西陂類稿》中記載，康熙帝南巡時，某日賜給內臣食品，康熙云：「宋犖是老臣，與眾巡撫不同，著照將軍總督例，一體頒賜。」傳旨云：「朕有日用豆腐一品，味異尋常，因宋巡撫是有年紀的人，可令御廚太監，傳授與巡撫廚子，為後半世享用。」康熙帝所賞賜的豆腐，將豆腐與香菇、雞肉等滋養之物搭配，更具營養，也便於老年人食用。康熙一直將這道菜視為大內珍饌，只賞給自己的親信大臣。外人看到這道豆腐，無不以為其中充滿玄機，心嚮往之。後來尚書徐乾學花了一千兩銀子，從御膳房中弄到了這道豆腐的烹製方法。徐乾學又將豆腐的烹製方法，留給了門生樓村。到了乾隆年間，這道菜傳到了王太守手裡，名字也變成了王太守八寶豆腐，袁枚《隨園食單》中就有這道菜的紀錄。

至於宋犖本人，可以說是因為食物而得寵。順治帝時期，曾命大臣子弟入宮擔任御前侍衛。宋犖十四歲時，就帶刀侍衛左右，很得順治帝喜愛。一日順治帝賞給他食物，宋犖藏在懷中，順治帝看到後覺得奇怪，問他緣由。宋犖跪曰：「臣有祖母，老甚，愛臣。臣懷以獻，榮上之賜也。」順治帝聞言更加喜歡，此後時常賜給他食物，榮耀一直延續到了老年，他仍然能得到康熙賞賜的食物。

豆腐入了御膳，再也不普通

與乾隆帝南巡相關的豆腐傳說，也有一則。另一說是乾隆南巡過鎮江，有一位農婦獻菠菜燉豆腐，名為金鑲白玉嵌，紅嘴綠鸚哥。乾隆品嘗後，封農婦為皇姑，賜菜名皇姑菜。奈何這只是傳說，農婦進獻不了豆腐，也不可能被稱為皇姑，只是皇帝們很愛吃豆腐罷了。

《本草綱目》記載，豆腐寬中益氣，和脾胃，消脹滿，下大腸濁氣，清熱散血，本來就適合老年人食用。乾隆特別鍾愛豆腐，每日必食，發現桌上沒有豆腐，他便要親自點。如乾隆二十九年（一七六四年）八月十七日，乾隆陪皇太后用晚膳，用麵筋三斤八兩，豆腐一斤。乾隆四十四年（一七七九年），乾隆前往熱河時的菜單中，有羊肉燉豆腐、鍋塌豆腐、燴三鮮豆腐、鍋燒雞燴什錦豆腐、雞湯豆腐、滷蝦油豆腐等。御廚高手能利用豆腐潔白的天然色澤與柔軟的自然形態，輔以其他配料，巧妙安排，精心造型，製作出色、香、味、形俱佳的各種佳餚。

御膳中的一些豆腐菜，來自揚州、杭州等地。如文思豆腐，是將豆腐切成豆腐絲，放在開水中略焯，使豆腐絲不容易斷開，後以雞湯、豆腐絲、筍絲、冬菇絲一起燒沸，湯汁鮮美。再如砂鍋魚頭豆腐，本是杭州名菜，乾隆帝在杭州嘗過幾次，回京後命宮中御膳房效法。這道菜以大鰱魚煎熟，加豆腐，配以筍片、香菇等，燜燒至熟，湯汁濃郁鮮美。在御膳中，還有一道不起眼的炒豆腐腦，在諸多豆腐菜中大放異彩。慈禧晚年偏向鮮嫩的菜餚，故而炒豆腐腦也被御廚們發明出來。炒豆腐腦的做法是將豬油加熱，再將嫩豆腐放入鍋中攪碎，配上雞油、玉米粉勾芡，燒好後豆腐羹色白羹稠，入口即化。

在宣統二年（一九一〇年）的御膳單上，就有十幾道豆腐：滷煮豆腐、五香豆腐乾、什錦豆腐、羊肉片燉凍豆腐、肉丁豆腐乾醬、炸豆腐絲燉菠菜、咯噠英燉凍豆腐、豆豉豆腐、香菜炒豆腐腦、蘇燴豆腐、三鮮豆腐、羊肉丁炒麻豆腐。這其中，羊肉燉豆腐的做法是，將羊肉去皮去骨，切成肉末兒，用酒薑等調成肉餅狀，將豆腐切成薄片，放在碗內，上放置羊肉，加雞湯與鹽，入鍋燉熟。鍋塌豆腐本是山東菜，當地廚師將豆腐切成小方塊，鑲上鮮蝦仁，放入油鍋中煎成金黃色，出鍋後色澤金黃，鮮嫩可口。

宮廷中的豆腐烹製方法琳琅滿目，將小小豆腐演繹到了極致。某官員有幸吃了宮廷豆腐羹後讚不絕口，並賦詩一首：「淮南兩絕同一缽，品味悠長勝燕窩。今生能食仙人羹，飲後去官亦當歌。」食用這種仙人羹後，哪怕丟了官也值得，足見其味鮮美無窮。

豆腐與佛教

宮廷中吃豆腐，還有信仰的元素。由於信仰佛教及祭祀等方面的緣由，中年以後，乾隆喜歡上素食。民間有段乾隆帝素食的傳說：乾隆帝南巡，至常州天寧寺，進午膳時，寺廟中僧人以素食進獻，乾隆帝吃後笑語主僧曰：「蔬食殊可口，勝鹿脯、熊掌萬萬矣。」在真實的歷史上，乾隆帝每到特定的節日都要素食，如每年四月初八佛誕日。

素食以素菜、豆腐、麵食為主，品種很多，製作精美，口味極好。如乾隆二十四年（一七五九年）四月初八，早膳有：素雜燴、素筍絲、台蘑（按：對產於山西省五台山區蘑菇的簡稱）暴醃白菜、炒麵筋、豆瓣燉豆腐、水筍絲、野意油炸果、匙子餑餑紅糕、竹節卷小饅頭、奶子飯、素麵、果子粥，另有餑餑六品、額食兩桌、爐食四品。晚膳有：口蘑燉白菜、蘑菇燉人參豆腐、山藥、白菜、蘑菇燴油炸果、羅漢麵筋、王瓜拌豆腐、油炸果火燒、素包子、小米麵窩窩頭、象棋眼小饅頭等，另有額食五桌、奶子兩品、餑餑十品、爐食六品。當日的膳食之中，早膳有豆瓣燉豆腐，晚膳有人參豆腐、王瓜拌豆腐；小小豆腐，既和人參搭配，又能與豆瓣、王瓜相隨。

外出巡遊時，遇到浴佛節，照例也要素食，豆腐也是必備。如乾隆三十年（一七六五年）四月初八的浴佛節，乾隆帝尚在南巡途中，當日素食，還供奉了緣豆，「佛堂供緣豆一品，上緣豆一千個」、「茶進皇太后緣豆一品，其餘緣豆裡邊賞用」。緣豆是浴佛節食用並賞人的鹽豆，以廣結善緣。再如乾隆四十九年（一七八四年）南巡，四月八日是浴佛節，又以素食為主。早膳有：廂子豆腐、口蘑燉麵筋、口蘑軟筋白菜、羅漢麵筋，後送糖醋山藥、水筍絲、奶子膳、竹節卷小饅頭、匙子餑餑紅糕、油炸果油炸糕、螺螄包子、豆爾饅頭。另有福長安進菜一品、餑餑二品、銀葵花盒小菜一品、銀碟小菜四品，隨送素麵一品。

宮中素宴豐盛，民間更勝一籌

說起來，宮中素宴雖然豐盛，尚不能與民間相比。清代吳江盛澤一鎮生產絲綢，巨富雲集，風俗奢靡。其時名流宴會，必假座寺廟，一席之費，恆數十金。之所以選擇寺廟辦酒席，實因寺廟中的素宴精細，所製「素燕菜、素魚翅、素海參、素鴿蛋也，輒以嫩雞、火腿熬取清汁，而以形似之物投入其中，浸淫既久，肥濃鮮美，味遠勝於真者」。宮中食用的豆腐，是自外間採購，到了咸豐朝時，咸豐帝突發奇想，想在宮中建豆腐房，召內務府大臣，令在宮中製作豆腐。內務大臣退下，稍後遞上帳單，磨製豆腐的預算費達白銀數萬兩，從建屋用人、置備器械，以及赴關外採辦大豆等各種費用，均列諸冊內，加上種種侵蝕，便有此數。咸豐見帳冊後咋舌不已，遂罷其議，此後宮中所用豆腐仍然從市面上購買。

豆腐的創製者，相傳為淮南王劉安。劉安在世的時候，一直對儒家很不滿，認為是俗世之學，由此與儒家結下了梁子。後世孔廟在祭祀時，據說絕不用豆腐，不過孔府之中，卻是要吃豆腐的，皇宮之中，更有一批摯愛豆腐的貴人們。昔有某詩人，詠豆腐詩一律如下：「個中滋味誰知曉？多在僧家與道家。」其實豆腐不但是道家與貧民的專屬，朝中大臣也有很多豆腐愛好者。乾隆朝的朱珪，平日裡吃飯就很簡單，有客人在，則加一肉、一魚、一菜、一白煮豆腐。對於吃豆腐，朱珪有自己的看法：「豆腐清品，絕不可和以油、鹽、醋、醬。此至味也。」朱珪喜歡吃豆腐，死後得了個文正的諡號。康熙朝的湯斌也喜歡吃豆腐，外號豆腐湯，也得了個文正的諡號。後來的曾國藩愛吃豆腐，也得了文正諡號。看來吃豆腐，乃是文正公的標準設定了。

4 餑餑裡包錢的習俗，滿人帶進來的

三十年前，在我的童年記憶中，一碗熱氣騰騰的餛飩，可是至高無上的享受。一說認為，吃餃子、餛飩之類，是因為缺乏肉食，所以將肉剁成肉醬，添加蔬菜攪拌後，可以全家一起分享。在南方流行的是薄皮的餛飩，北方流行的則是皮稍厚些的餃子。

餛飩在中國很早就已出現，在歷史上，它有著餃子、餛飩、角子、水角兒等各種稱謂。明代張岱《夜航船》記：「石崇作餛飩。」石崇是西晉人，擔任過荊州刺史，因劫掠客商而成巨富。最初餛飩稱為「肫」，就是餅中夾餡，入湯煮之，也稱煮餅。南北朝時，顏之推云：「今之餛飩，形如偃月，天下通食也。」在新疆吐魯番出土的唐代墓葬中，就有餛飩與餃子，二者形狀與今天相似。到了唐代，餛飩店鋪已經很多，餛飩的吃法也很講究。

在宋代，餃子被稱為「角子」。宋代《東京夢華錄》中記載，「御宴至第三盞，方有下酒肉、醎豉、爆肉、雙下駝峰角子」。南宋時，冬至要吃餛飩，稱冬餛飩年。到了明代，餃子一詞開始出現。明代《金雀記》中：「你一個果子，與你一個黑溜秋蕎麥的餃。」《金瓶梅》第一回中，西門慶跑去王婆那裡刺探潘金蓮和武大郎的消息。西門慶問王婆，武大郎賣的是什麼東西。王婆道：「他家賣的拖煎阿滿子，乾巴子肉翻包著菜肉匾食餃，窩窩蛤蜊麵，熱燙溫和大辣酥。」清代《紅樓夢》第四十一回中，賈母吃了兩杯酒，讓丫頭去端了兩個小捧盒上來，其中有一寸來大的小餃兒。賈母因問：「什麼餡子？」婆子們忙回：「是螃蟹的。」賈母聽了皺眉說道：「這會子油膩膩的誰吃這個。」螃蟹餡的餃子在宮中見不到，就是京城各王府中也難得一見，曹雪芹大概在南方生活時曾經吃過，就將這段回憶寫入了小說之中。

到了清代，不但將各種麵製糕點叫餑餑，就連水餃，在北京俗語乃至宮廷之中，也被稱為煮餑餑，直到一九四〇年代，才稱為餃子或者水餃。餑餑一詞不是滿語，在北京盛行起來是因為滿人，而餃子也融入了北京人的日常生活中。舊時北京，大年三十夜，人們祭祖後同吃年飯，接過灶神，就預備剁餃子餡，餡多用豬肉或羊肉，菜多用白菜，切剁如泥。外用麵粉為皮，平捏黏合，不使捲邊。一說認為，新年吃捲邊餃子不順心。餃餡事先估算好，夠全家五天之用即可。有些人家將餃子包得太多，就放在平頂灰房上凍起來，要吃的時候，就上房撿下來。

北京有句俗話：「催命的臘八粥，救命的煮餑餑。」吃臘八粥時，都是債主登門索債之時；到了年初一吃餃子時，要帳的就不登門了。梁實秋在《北平年景》裡寫道：「城裡人也把煮餑餑當作好東西，除了除夕宵夜不可少的一頓之外，從初一至少到初三，頓頓煮餑餑，直把人吃得頭昏腦漲。」煮餑餑（餃子）是滿人日常生活中必不可少的食物，從祭祀到年節再到婚禮，都可以看到餃子。薩滿神歌中有一首很有意思：「今日五龍打得不早，打完五龍吃什麼好？月亮出來東邊白。光祿師傅請過來。爆炒山雞清地肉，燒黃二酒燙上來。院裡捉住一隻鵝，剁碎鵝肉煮餑餑。酒足飯飽堂前睡，養好精神去分香。」剁碎鵝肉加上燒黃二酒，吃得酒足飯飽正好可以小睡。

皇帝一個一個換，唯有餑餑留菜單

在清代宮廷中，煮餑餑是每日菜單必備之物。如宣統二年（一九一〇年）的御膳單上，隆裕太后早晚膳都要進煮餑餑各一品，餡有豬肉菠菜、羊肉白菜、素餡三類，相對比較單調。到了元旦，宮中吃素，餃子也是素餡。素餡中有長壽菜（馬齒莧）、金針菜、木耳等，輔以蘑菇、筍絲、麵筋等配料，吃起來也是鮮美無比。

其實在清代各王府之中，不但一些菜比宮內的可口，就連餃子也是豐富多樣。溥傑（按：溥儀的弟弟）在《憶醇親王府的生活》中，回憶過年時候，王府中大吃餃子。從除夕到農曆初五的餃子餡很豐富，有豬肉吉祥菜（乾馬齒莧）、豬肉白菜、羊肉白菜、豬肉菠菜（乾、鮮菠菜）、豬肉韭菜、豬油韭菜、三鮮、燒鴨豆芽菜、素餡等。

清代皇帝最重視除夕夜，重視吃餃子。在皇室看來，除夕夜的子時是辭舊迎新的重要時刻。此夜，皇帝有很多安排，首先到養心殿東暖閣明窗前，舉行開筆儀式；先向金甌中注屠蘇酒，然後點燃蠟燭，將萬年青筆打開，在吉祥爐上燻一下，然後以朱筆寫吉祥語數字。醜正（深夜兩點）時分到欽安殿等處禮佛。寅時（凌晨三點）到聖人、藥王、列祖前拈香。寅初一刻，到乾清宮的昭仁殿吃煮餑餑。煮餑餑中包有錢兩枚，食得寓意吉祥。如乾隆三年（一七三八年）正月初一，乾隆帝在早膳之前，先進煮餑餑一品。煮餑餑中內有通寶兩個，務必讓皇帝吃到，寓意此年大吉。到了乾隆六十年（一七九五年）正月初一，仍是保留了這種吃法，在早膳之前先吃上四個餃子。為了皇帝吃四個餃子，要經歷一系列鋪張而複雜的程序，每年均是如此。

清代宮廷御膳的特點是，菜餚可能在一個皇帝統治時期經久不變，更可能在整個大清王朝都維持不變。煮餑餑就是宮廷菜系中的磐石，任憑風吹雨打，它每日照常出現在菜單中。如光緒十一年（一八八五年）正月初一，光緒帝在養心殿用煮餑餑。第一次進豬肉長壽菜餡餑餑十三個，豬肉菠菜餡兒煮餑餑七個；第二次進豬肉長壽菜餡煮餑餑七個，豬肉菠菜餡煮餑餑十三個。以光緒的食量而言，吃上四十個餃子，也是相當飽了。

沒吃到四個小元寶，慈禧超不開心

滿人的風俗是，正月初一，無論貧富貴賤，都用白麵包餃子吃。富貴之家，在餃子裡包入金銀小錁，一般人家，也要包入銅錢，家人食得者，則此年終歲大吉。宮廷之中，也不能免俗。元旦做煮餑餑時，要在餃子中包入特製的實心小元寶，比花生米還要小。本來宮裡吃元寶餃子只是大家娛樂，碰碰運氣。可遇到慈禧要吃，大家唯恐她吃不到不開心，所以一包就是四個。最後約定俗成，四個小元寶餃子，都是慈禧一個人吃出來。某年吃餃子，由隆裕主持，慈禧吃來吃去，只吃出三個小元寶，慈禧很不開心，臉上就表現了出來。偏偏那個漏網的財神餃子，被隆裕吃了出來。隆裕一口咬到餃子中的小元寶，臉上立刻不淡定了，含在嘴裡，不敢吱聲，神情尷尬無比。此時氣氛詭異，李連英腦子轉得快，一看隆裕的表情就知道緣由。李連英溜到隆裕身邊，讓她將小元寶拿過來，又偷偷塞進新包好的餃子裡，請慈禧再吃幾個。吃到最後，慈禧終於吃出了這個元寶餃子，眾人方才鬆了口氣。李連英此番幫隆裕解圍，事後得了不少賞賜，後來她對李連英也一直關照有加。

在餃子裡裹上金元寶、金錢之類，有時也會有風險。翁同龢日記記載，同治五年（一八六六年）正月，同治帝吃餃子時，誤將一枚金錢吃了下去，過了三天方才排出來。翁同龢在日記中感嘆，北地在食物中放入金錢的風俗，真是鄙俗。可這也是翁老先生的私下牢騷，公開場合他可不敢表達出來。

同治帝性情急躁，吃飯時狼吞虎嚥，將這枚金錢吃下去也不稀奇。在同治帝的膳食單上，還有個比較奇特的現象，常可見「太監張文亮替萬歲爺用膳」。也就是說，同治帝不肯吃宮中御膳，讓太監幫自己吃。張文亮是同治帝的貼身太監，陪伴他長大，深得皇帝寵愛，幫皇帝吃飯的光榮任務也交給了他。

同治帝吃煮餑餑，將金錢吃下去了，沒有什麼危險。清代有宗室成員，卻在吃煮餑餑時死去。康熙朝時，十四皇子胤禵在王位爭奪中失敗，雍正登基後，將其囚禁。為了自保，胤禵有各種糊塗狂妄的表演。雍正帝死後，胤禵仍然體魄強健，食慾旺盛。乾隆十七年（一七五二年）時，他的牙齒已經全部脫落，卻仍能在家人伺候下吃餅。到了乾隆二十年（一七五五年）時，胤禩吃煮餑餑時，「叼煮餑餑而逝」，在雍正帝的眾兄弟裡，算是難得的善終。

對於親信大臣，在年關時候，清廷時常賞些餃子。清末時的軍機大臣那桐，在日記中記載：光緒三十一年（一九〇五年）十二月初八，「上賞臘八粥、小菜十二碟、大白菜五棵」、「十二月二十七日早進內，財政處奏事，謝賞荷包，並兩翼煮餑餑賞，在乾清宮磕頭面」。受到清室影響，蒙古王公也在過年時吃煮餑餑。光緒年間的蒙古親王那彥圖，曾扈從慈禧、光緒逃往西安。他在北京時的生活如滿人一般。過年時，「那王從裡屋出來，大家向他請安辭歲。這間大屋子裡擠滿了人，互相請安辭歲，然後各回自己屋裡，吃些素煮餑餑，就睡覺了」。

餑餑在習俗節慶中的重要地位

滿人婚姻習俗，結婚時，女方家送來煮餑餑，叫子孫餑餑，男方家預備長壽麵。夫妻對坐後，由吉祥嬤嬤餵給新郎、新娘，同時口中說吉祥語，如吉祥如意、白頭到老等。吃完子孫餑餑、長壽麵，室外有小孩問：「生不生？」新郎新娘要回答：「生、生。」皇帝大婚也不能例外，照樣要吃子孫餑餑、長壽麵，只是房外沒人吆喝生不生。

同治十一年（一八七二年），十七歲的同治帝，選擇立翰林院侍講崇綺的女兒為皇后。大婚的準備工作自同治八年開始至十一年，前後三年。大婚的禮儀也持續了三個月，從十一年七月納彩禮至九月宴席禮。舉辦如此隆重的婚禮，也是希望借助喜氣洗洗過去幾十年大清國的晦氣，期盼大清進入一個繁盛的時代，而重擔則壓在了同治帝身上。九月十五日，同治帝大婚，當夜坤寧宮東暖閣內鋪設龍鳳喜床、各種精美裝飾，皇帝、皇后一起食用了子孫餑餑，共用長壽麵。只是同治命薄，同治十三年十二月初五即因天花去世，皇后不久也絕食而死。

民間吃餃子，要全家人聚集在一起包，清宮之中，自然不必皇帝、皇后們帶領宮中女眷動手包餃子。光緒二十七年（一九〇一年）的除夕夜，慈禧別出心裁，決定一起包餃子。去年這個時候，慈禧、光緒逃往西安，一路上頗受風霜之苦。此番再回京城，心境自然不同了。慈禧提前命內務府傳宮外各府福晉、命婦、格格等，於大年三十進宮度歲。當夜子時後，慈禧將女眷召集到殿中，於長案後排好，待御膳房事先準備好的各種素菜端上，眾人分工好，各自剁素餡。剁好餡後，由慈禧決定口味的鹹淡。等到天濛濛亮，餃子包好，慈禧命眾人回去更衣，梳妝打扮。等眾人再回來，慈禧坐在案端，皇后等人站在兩旁。宮女將煮餑餑端上來時，慈禧感慨道：「新年新月新日新時開始，不能忘記去歲的今日今時。今天能吃上太平飯，是神佛保佑，列祖列宗保佑。」語畢，命大家一起用膳，大家叩首謝恩後，吃完煮餑餑，天已大亮，慈禧命各府福晉、命婦回府。

清宮之中，人人都知道煮餑餑就是餃子。溥儀在偽滿洲國時，娶的夫人李玉琴出身寒微，又不是旗人，剛入宮時，因為不懂煮餑餑即餃子，遭到不少人的奚落和白眼。後來溥儀改吃素，吃不慣廚師做的食物，李玉琴就做素餃子給他吃。院子裡長了不少小蒜，李玉琴把蒜苗割下來當韭菜，和上雞蛋，給溥儀包餃子。溥儀沒有吃過小蒜餃子，覺得挺好吃。《末代皇帝》中，溥儀說皇帝用膳，如同馬戲團表演，真實生活中也應如此。宮中的諸多煮餑餑，最終還是敵不過民間的小蒜餃子。

梁實秋回憶兒時里巷中，到了午後常聽見有攤販販賣餛飩。這種餛飩攤販上的餛飩，別有風味，物美價廉。那一鍋湯是骨頭煮的，煮得久，所以渾渾的、濃濃的。餛飩的皮薄，餡極少，勉強可以吃出其中有一點點肉。但是佐料不少，蔥花、芫荽、蝦皮、冬菜、醬油、醋、麻油，最後撒上竹節筒裡裝著的黑胡椒粉。梁實秋認為，這樣的餛飩在別處是吃不到的，更遑論是在皇宮之中。

5

宮中佐餐的小菜，炒四大醬

醬在中國古代歷史久遠。《周禮》之中載：「食醫掌和王之六食、六飲、六膳、百羞、百醬、八珍之齊。」《禮記》中記載：「有醢醬（按：肉魚等製成的醬）、卵醬、芥醬、豆醬，用之各有所宜，故聖人不得其醬不食。」孔老夫子喝酒吃羊肉時，用醢醬拌著吃，吃魚膾時用芥醬蘸著吃，也是美食家之屬了。

到了後世，漢武帝有魚腸醬，南越有蒟醬（按：用蔞葉果實做的醬，有辣味），晉武帝賜給山濤魚醬，枚乘有芍藥之醬，宋孝武有匏醬（按：匏瓜製成的醬）。隋唐時期，滿族的祖先靺鞨人就會種豆製醬。女真人用豆製作豆醬，以蒜、芥末、醋加在菜中調味。在女真人間，最為流行的乃是大醬。《大金國志》載：「其飲食鄙陋，以豆為漿，又嗜半生米飯，漬以狗血及蒜之屬和而食之。」只是醬吃得暢快了，喝酒難免會醉，這時要將醉鬼捆綁起來，以免其醉後殺人。

曾經輝煌的金國，在蒙古軍隊的進攻下潰不成軍，金哀宗一路逃到了歸德（今河南商丘）。到了最後關頭，大醬也成了金國重要物資，私藏大醬成了死罪。天興二年（一二三三年）三月，元帥蒲察官奴殺掉參政知事石盞女魯歡。殺人的理由很奇特：「自從皇帝車駕來到歸德府，上供物品接濟不上，好醬也不給，你的罪過如何推脫。」隨後的抄家中，抄出來了二十缸大醬及金製器具。

滿人在關外的飲食生活，一年四季離不開醬，常以生菜蘸生醬佐飯。努爾哈赤起兵反明後，在征戰之中，大醬成了重要軍需物品。打仗時，士兵們常以山野菜蘸大醬食用。為了讓士兵們換換口味，四種大醬應運而生，即炒黃瓜醬、炒榛子醬、炒胡蘿蔔醬、炒豌豆醬，合稱「炒四大醬」。

入關之後，清皇室以內務府負責宮中一切事務，也包括了醬的製作。內務府內管領處（俗稱掌關防處），主要負責供給宮中所用的點心餑餑、瓜果蔬菜、酒醋醬等食物佐料，並供應各種餐具。掌官防處下轄的酒醋房，負責製作醬菜。清宮的醬菜釀製技術成熟穩定，一是入關前就有多年的技術積累，二是入關後抽調最好的醬匠。故而在清代，好多著名醬菜廠都宣稱自己的技術來自宮中。酒醋房設有醬匠十六名，專製醬料和各種醃菜，醬料有清醬、黃醬、甜醬、豆豉醬等；醬菜有醬王瓜、醬茄子、醬蘿蔔、醬瓜條、醬冬瓜、醬糖蒜、醬紫薑、醬苤藍（按：大頭菜）、醬包瓜等。這些醬菜被用來供給皇室日常食用、祭祀及出巡之用。

清室入關後，炒四大醬仍是清宮中佐餐的小菜。炒黃瓜醬選用上好的精瘦豬肉、嫩黃瓜，以黃麵醬烹製，清香脆嫩，爽口無比。其他三大醬，選用新鮮胡蘿蔔、豌豆、榛子，與瘦豬肉、麵醬一起熬製而成。這些醬菜，慈禧太后每天一小碟，變換著享用，百吃不厭。對於四大醬，一說認為，炒黃瓜醬宜春天吃，炒豌豆醬宜夏天吃，炒胡蘿蔔醬宜秋天吃，炒榛子醬宜冬天食用。

醬也是清宮日常必備的供應。太監信修明寫的《宮廷瑣記》記載，慈禧太后每天用醬的分例是：「甜醬二斤十二兩、青醬二兩。」凡是出嫁的公主、郡主與額駙、朝鮮、各國使者入京，每日的供給之中，除了肉類、蔬菜、水果之外，另有醬供應。醬菜除了供宮中日常食用外，在祭祀、出遊時也是不可或缺。清室在祭祀祖先時，供品中必有醬醃菜、清醬瓜、醬梢瓜、清醬等。皇帝出巡時會攜帶大量醬製品，一來容易攜帶，二來能長期保存。康熙帝東巡盛京謁陵時，隨行食物中就有大量的醬醃白菜、醬茄子、醬蘿蔔、清醬瓜子、韭菜醃醬瓜等。

不輸宮中的民間醬菜

民間的眾多醬菜店所製醬菜，味道不輸宮廷御製。梁實秋認為，北京醬菜中有兩味最難忘。一味是醬黃瓜炒山雞丁。過年前後，野味上市，取山雞胸肉切丁，加進醬黃瓜塊大火爆炒，臨起鍋時投入大量的蔥塊，澆上麻油拌勻，是年菜中不可少的一味；另一味是醬白菜炒冬筍。北方的白菜又白又嫩，從醬缸撈出來的醬白菜切碎，炒冬筍片，別有風味。到了慈禧太后時期，一些宮外的名店醬菜也被選入宮內，如北京民間最著名的北味醬園「六必居」和南味醬園「天源醬園」。

六必居據傳是明嘉靖九年（一五三〇年）創辦，最初是賣油鹽的小店，後來生意做大了，開始經營酒業。六必居的匾額傳是明代嚴嵩手書。當年六必居是六個人合夥開的，嚴嵩沒發達時，常在這裡喝酒，欠了不少酒錢。嚴嵩發達後，酒店老闆就請他題寫了塊匾額。一九四九年之後，鄧拓根據六必居保留下來的七張舊房契，考證出六必居不是創建於明代嘉靖年間，而是清康熙年間。

六必居的醬菜，色澤鮮亮，醬香濃郁，清脆爽口，鹹甜適度，極為開胃。六必居醬菜品種很多，著名的有甜醬黑菜、八寶瓜、甜醬甘螺、白糖蒜、八寶菜、十香菜、醬蘿萄、醬黃瓜、醬薑芽、甜醬瓜、稀黃醬、鋪淋醬油等。六必居的產品被清宮定為御用，發給腰牌，定期送交御膳房。六必居的醬菜選料嚴格，老醃瓜要絕對成熟的七寸白，黃瓜要頂花帶刺，糖蒜要每頭四到六瓣。大蒜運到六必居後，要在兩天內去皮削根，然後醃製。醬菜醃製好後要存放在醬缸內，根據需要出缸。

天源醬園位於西單十字路口南側，於同治八年（一八六九年）開業。用自製的甜麵醬、黃醬，製作桂花糖蒜、甜醬甘露、甜醬麥芽等鮮甜爽口的醬菜。天源醬園的商標上，打著蘇造麵醬的標記，給人的感覺是江南流派，所以被稱為南味醬園。天源醬園的老闆很會做生意，某日傳出消息，宮內慈禧太后吃了天源醬園的桂花糖熟芥後很滿意，醬園老闆立刻把店內裝熟芥的瓷罈，用紅漆木架裝飾起來，標出「上用」二字。此後醬園名滿京城，吸引了很多達官貴人光顧。

桂馨齋醬園於乾隆元年（一七三六年）創辦，製作南方口味醬菜。創辦人是一對來自南方的夫妻，先在菜市場擺攤，販賣自製小菜，然後在鐵門胡同南口租房屋，開辦了醬園。夫婦倆年老後，將醬園轉手，移到鐵門慈康寺擴大規模，從事醬菜業務。桂馨齋擅長製作冬菜、梅乾菜、佛手疙瘩，產品得到宮廷中人的喜愛，被選入宮中。

各地進貢的各式醬菜

盛京內務府每年向清宮進貢清醬、大醬和各類醬菜，清醬類似今天的醬油。盛京地區有白菜、芹菜、韭菜、雪裡紅、蔥、蒜、茄子、土豆、蘿蔔等蔬菜，也有山韭菜、山芹菜、蕨菜、山蒜、黃花菜、蔞蒿等野菜。每年盛京內務府都要用上好的蔬菜、野菜，醃製各種醬菜，用來進貢。如康熙十年（一六七一年），康熙帝第一次東巡盛京時，令盛京內務府準備好各種小菜，如醃白菜、醬黃瓜、醬韭菜、醬茄子、醃韭菜、滷蝦等。再如乾隆三十九年（一七七四年）十二月十三日，盛京內務府進：「滷蝦九瓶、滷蝦油九瓶、滷蝦芸豆九瓶、滷蝦豇豆二瓶、滷蝦茄子一瓶、滷蝦苤藍（大頭菜）二瓶、滷蝦王瓜三瓶。」所進醬菜共計三十三瓶，乾隆帝留用滷蝦油三瓶、滷蝦王瓜三瓶。

盛京進貢的滷蝦，其來歷也有一段傳說。康熙九年（一六七〇年），住在渤海灣靠打魚捕蝦為生的李家，將賣剩下的蝦倒入缸內，為了長久保存，就加了些鹽。一段時間後，缸內有油浮現，嘗後發現味道鮮美，就切了些芹菜在裡邊浸泡，味道極為可口。李家又以小黃瓜、豇豆角、辣椒和芹菜等，配合蝦油，製成了四樣小菜，取名為蝦油小菜，到錦州叫賣，大受歡迎。康熙皇帝到盛京祭祖時，錦州府官員將蝦油小菜作為招待小菜獻上。康熙帝品嘗之後，連聲讚好。此後蝦油小菜名聲大振，成為錦州貢品。

蝦醬在今日的東北地區仍然是最為流行的食品。作家阿城寫道，東北地區蝦醬並不缺乏，菜市場和食雜店都有賣。蝦醬買回來後，要做一下，將一兩個雞蛋攪勻，放在鍋上蒸。蒸好了後，挖一點就著大餅子吃。當然，嘴急的人可以直接用大餅子蘸蝦醬吃，那股生鮮鹹的味道讓人終生難忘。

江南各省官員也經常向宮裡進貢各類醬菜。如乾隆三十九年（一七七四年），杭州織造進貢有：「糟鵝蛋、糟鴨蛋、糟蘿蔔。」江南河道總督進貢有：「醬王瓜、醬薑、醬杏仁、醬豆角、醬香瓜。」再如乾隆四十一年（一七七六年），杭州織造進貢：「醬筍芽、豆豉醬、豆豉、糟鵝蛋、糟鴨蛋。」河道總督進貢有：「醬小倭瓜、醬小王瓜、醬小豆角、醬八仙菜、醬瓜絲。」

左宗棠、曾國藩，都是醬菜愛好者

對於官場上的老手而言，不起眼的醬菜之中，也有文章可作。光緒朝初期，醇親王奕譞以光緒帝生父的身分，總攬朝中大權，大臣們無不奔走於其門下。當時的官場尚畏懼清議，要結交權貴，饋贈厚禮，還要用一些物品來加以掩飾。山東有某關道，透過李鴻章的關係，進獻了四罈醬菜給醇親王。關道送禮時，沒資格見醇親王本人，就對王府的僕人道：「醬菜乃是自家所製，品味鮮美，請王爺嘗嘗。」醇親王聽後，也很歡喜，令將醬菜放在起居室中，以備佐餐。但王府之中，滿是珍饈，轉瞬間就忘了醬菜的事。

某日醇親王的弟弟來王府，看到這四罈醬菜後很喜歡，就對醇親王道：「我近日正無小菜佐餐，分我一半如何？」醇親王哪裡會在乎這四罈醬菜，就送了他兩罈。過了幾日，弟弟又來，對醇親王道：「七哥（醇王行七），你的醬菜真的好。」此時恰逢慈禧太后染小疾，胃口不佳，醇親王聽說醬菜好，就將剩下的兩罈送了進去。後來進宮時，慈禧問道：「嘗了你送入宮的醬菜，味道果然是好，只是不是京華所產，能再覓些嗎？」於是醇親王就又向某關道要了四罈醬菜，親自打開，準備一一品嘗。打開醬菜罈後，發現其中一罈內裝有金子，這才明白，弟弟所說的醬菜好，不是指醬菜，而是指罈中的金子。至於送入宮中的那兩罈，則沒有金子，慈禧嘗了後，真的是誇醬菜好。醇親王得了金子，又給慈禧獻了爽口的醬菜，對關道大加提拔，此人後來成為清末財政界的顯赫人物。基於史料可以推斷，此人乃是大名鼎鼎的盛宣懷。

在晚清大臣之中，不乏醬菜愛好者，其中著名者，如中興之臣左宗棠、曾國藩。同治五年（一八六六年）八月初三，曾國藩在家書中再三叮囑：「吾家婦女須講究做小菜，如腐乳、醬油、醬菜、好醋、倒筍之類，常常做些寄與我吃。」同時還不忘叮囑，若是外間買來的，則不必寄來了。左宗棠入軍機處任職後，向軍機處眾人吹噓：「吾之妾善於醃製小菜，雖鄉味頗可口，改日給諸位分送點兒。」向來主戰的醇親王奕譞，將左宗棠當作偶像崇拜。入朝時，奕譞在東華門外碰到左宗棠，大喜過望，「小立握談，觀者如堵」，如同粉絲追星一般。隨後奕譞邀請左宗棠到王府中作客，一起照相留念。對醇親王的厚愛，左宗棠也回以小禮，送了他鹹蘿蔔纓、醬醃韭菜、菽餅等。向來重視禮節的醇親王，則回饋給左宗棠自己家中種的蔬菜，彼此又營造出一段所謂的佳話。

第5章

御貢五時鮮：鰣魚、鹿尾、鰉魚、人參、燕窩

1

鮪魚鮮美，連康熙都欲罷不能

《鹿鼎記》第十回中，韋小寶將飯菜端到房中，將小郡主嘴上的毛巾解開了，坐在她對面，笑道：「妳不吃，我可要吃了。嗯，這是醬爆牛肉，這是糟溜魚片，這是蒜泥白切肉，還有鎮江餚肉、清炒蝦仁，這一碗口蘑雞腳湯，當真鮮美無比。鮮啊，鮮啊！」他舀湯來喝，故意嗒嗒有聲，偷眼去看小郡主時，只見她淚水一滴滴的流下，沒半分饞意。

此處描寫中有幾個漏洞：首先，康熙朝的食單上，不會有醬爆牛肉，因為清代宮廷中不食牛肉，以示重農；其次，清代宮中白切肉的吃法，主要是坤寧宮祭神之後，用刀將大塊的肉片了吃。至於鎮江餚肉，在清宮之中更是不會出現。清宮中有蝦仁，但不會清炒，而是配到菜中調出鮮味。至於韋小寶隨後讓御膳房送來的過橋米線、宣威火腿、雲南黑色大頭菜、洱海弓魚乾。作者金庸解釋，這主要是為了招待吳三桂而準備的。實際上，這些食品不大可能會在宮廷出現。宮中的飲食，每日都有定例，菜單不會輕易變更。外界的貢品中，能進入皇帝御膳房的，主要是根據皇帝的喜好而定，皇帝不會為了臣子的喜好而特別準備菜餚。這段描寫中，比較靠得住的就是糟溜魚片了，且很可能是糟鰣魚。

待到桃花將殘，薔薇正盛時，鰣魚成群結隊，溯江而上，游到淡水江河裡產卵繁殖後就返回大海。鰣魚的幼魚，在淡水江河中生長四、五個月後，到了秋末冬初，隨波逐流，回歸海洋。鰣魚循著這樣的路線洄游，定期入江，如期歸海，因為往來有時，被人們稱為鰣魚。游至靖江時，鰣魚因為剛入江，體內脂肪肥厚，肉味最為鮮美，越往上游，則肥厚越不如前。和刀魚一般，過了靖江一段江面的鰣魚，額角開始變紅。清代曹寅〈鰣魚〉詩注：「鰣初至者名頭膘，次名櫻桃紅。」曾經鮮美的鰣魚，游到了湖北荊州時，已是瘦弱不堪，不為當地人所喜，到了四川時，「蜀人呼為瘟魚，畏而不食」。

范連詩云：「河豚過後無珍味，直待鰣魚始值錢。」每至鰣魚上市之時，老饕沒一個不食指大動，先嘗為快，稱為搶頭鮮。一些老饕認為，鰣魚大小，以一尺左右的為最佳，太大便覺肉味老，太小又鮮腴稍遜了。鰣魚鮮腴肥美，顏色潔白晶亮，魚肉細腴，富含脂肪，是以味美而肥，古人有「銀鰣夏泳」之句。

北宋時人彭淵材曾云，人生有幾大恨事，其中之一，就是恨鰣魚多刺。此語卻有不實之處。與刀魚比較起來，鰣魚刺並不多，長寸餘，成叉形，易於剔出，不妨礙嚼食。再說，鮮美如鰣魚者，在剔出魚刺時，恰好可以細細咀嚼，領略個中滋味。清代鄭板橋有詩云：「江南鮮筍趁鰣魚，爛煮春風三月初。」得鮮鰣魚一尾，立即洗乾淨燉熟，三五朋儕相聚，一杯在手，以鰣魚鮮筍下酒，口中再無他味。

鰣魚如何煮得好吃？關鍵在鱗

鰣魚的鮮美，關鍵在鱗，烹煮其他魚，都要去鱗，鰣魚則不去鱗，因為鰣魚的鮮美就在於它的魚鱗，這也就是俗語所云：「鰣魚吃鱗，甲魚吃裙。」鰣魚也很珍惜一身的魚鱗，漁人在江中下網，鰣魚入網後，即不再動，在漁民看來，這是擔憂傷到魚鱗呢。靖江漁民有諺語云：「鰣魚當縮不縮，刀魚當進不進」，即鰣魚頭小身子大，碰到網後如果身子一縮，就可以逃脫。但鰣魚珍惜魚鱗，怕被網絆掉，觸網後頭往網上一靠，一動不動，這就是「當縮不縮」；刀魚鰓邊上有兩個刺，遇到漁網，忙著後退，同時將兩刺橫出，結果刺到網上，進退不得，這也就是所謂的「當進不進」。

鰣魚出水即死，但不會影響到其鮮美。鰣魚貴在新鮮，所以講究吃食的人，往往等鰣魚出水，立即在長江漁船上或江邊飯館內煮食，說是鮮美中另有一種清香。吃鰣魚，去魚鱗，被舊時文人看作煞風景的事，烹鰣去鱗，無異於煮鶴焚琴。光緒末年，某君購買鰣魚，命女傭清洗。女傭不知忌諱，用刀刮去魚鱗。主人大怒，抽打女傭至半身傷痕，方才解氣。《（康熙）靖江縣誌》云：「鰣魚以充貢物。」在明代，靖江所產鰣魚，屬宮廷貢品。靖江產的鰣魚，出水後先運到金陵。明清兩代，金陵城外江岸上設有鰣魚廠和冰窖，專門負責保管靖江等地送來的鰣魚。將新鮮的鰣魚以銀色鉛匣裝好，中間盛以冰，接著用濃油密封，裝入筐中，快馬加鞭，一路運到北京，是為「白日風塵馳驛騎，炎天冰雪護江船」。鰣魚除了宮廷食用外，也賞賜給朝中重臣，稱為賜鮮。

煮鰣魚的方法不外乎清蒸、紅燒兩種，各有各的長處，各有各的滋味。清蒸鰣魚，將鰣魚切成兩片，洗乾淨後，放在碗中，碗中加黃酒一杯、鹽少許、蔥一根、薑片，在鍋中蒸透，即成鮮美之清蒸鰣魚了。清蒸的時候，最忌加水，因水一多，魚味便淡，鰣魚獨有肥質亦因此而改，風味相差便遠了。蒸鰣魚時，多與南腿（按：中國長江以南所產的火腿）、豬油一同清燉，使其更加肥美。加鹽燉的鰣魚，謂之白蒸，不失鰣魚的真味；若是加了醬油和少許白糖，便成了紅蒸，也很鮮美。加醬油也有講究，在鰣魚蒸好取出時，趁熱加入醬油少許，則魚肉鮮嫩。若是先加醬油蒸，則肉容易老。如實喜食甜味者，加酒釀蒸也可。

紅燒鰣魚卻不須切成兩片，可以整段入鍋。將鰣魚洗乾淨，將鍋內以豬油略煎，兩面皆不可煎黃。以魚鱗不乾為度，加以黃酒一杯，醬油少許，稍加清水，蓋鍋煮透，至魚湯濃厚，盛起即可。紅燒鰣魚風味較厚，肥腴也過之。只是鰣魚原味稍稍失去。鰣魚以清蒸為上，清蒸好的鰣魚上面配上一縷縷的薑絲，讓人還沒吃就能想像它的美味。鰣魚除了鮮嫩之外，還有乳豬羊羔那般的肥美和爽滑。因為有人不吃魚鱗，長江邊靖江的做法是把魚鱗剝下，用線穿住掛在鍋蓋下面。等加熱後，魚鱗中鮮美的油滴到湯中，這樣既能保住鰣魚的鮮美，又可免去吃魚鱗的煩惱。

清宮之中，有一道宮門獻魚，據說是康熙帝親自命名，且是清宮大典中必備的菜餚之一。它選用整條魚洗淨後，斬成頭、身、尾三段，身段剝皮，剔去骨刺，切成片，配以熟瘦火腿、大蝦米等，經分別烹製後，頭尾放盤的兩側，白色魚片放在頭尾中間，兩色兩味，形如宮門中躍出條魚。由宮門獻魚，也可推測清宮之中鰣魚的烹製方法，不外是以火腿之類一起同蒸。

康熙愛吃魚，還親自釣

康熙二十二年（一六八三年），康熙帝在京城想吃兩千五百里外揚子江裡的鰣魚，於是江南官員不惜人力，進貢鰣魚。山東按察司參議張能麟上奏，請罷去鰣魚之貢。從江南至京城，兩千五百里路，用馬三千匹、役夫數千人，快馬晝夜不停，一路交替，將鰣魚送入京城，實在是勞民傷財。奏摺遞上之後，康熙帝下令，免除進貢。官員雖然奉旨免除，但只是改為折價向漁民徵收，以充公用，胥吏紛紛借機敲詐勒索，沿江漁民深受其苦。鰣魚貢停止，但康熙帝南巡時吃到了更鮮美的鰣魚。康熙四十四年（一七〇五年），康熙帝第五次南巡。四月十二日，康熙帝從杭州返回蘇州，已在鎮江準備迎駕的官員，派人「恭進鮮鰣魚二尾、大櫻桃二簍」。到了鎮江時，康熙帝還親自觀看了捕捉鰣魚。康熙帝吃到剛出水的鰣魚，不由感嘆：「雖然星夜傳馳驛，豈似鮮新出水濱。」

鮮鰣魚之貢停止後，江南地方上以醉鰣魚進貢（糟鰣魚）。康熙三十六年（一六九七年），在康熙帝親征噶爾丹時，大將軍費揚古感冒傷寒，身體不適。康熙帝特意賜給他各種食物犒勞，其中就有醉鰣魚。醉鰣魚是清代流行於長江中下游一帶的菜餚。以鰣魚為原料，用白酒糟醉製而成。《調鼎集》中載，要製作醉鰣魚，先要掏去新鮮鰣魚的內臟，然後切成大塊，用大石壓乾水分，再用白酒洗淨，在酒中浸泡四、五天。然後用陳糟拌勻入罈，加麻油、燒酒，用泥封罈口，三個月後可取用。醉鰣魚不必如新出水的鰣魚那般，動用大批人馬，晝夜不停的運往京城，以此作為貢品，康熙帝也不反對。

關於糟鰣魚的烹製方法，在《金瓶梅》中有很詳細的描寫。第三十四回中，西門慶曾送了兩尾好（鮮）鰣魚給應伯爵，應伯爵拿回家，用刀劈開，將鰣魚切成塊，用紅糟培著，再攪些香油，安放在一個瓷罐內，以備招待客人，這也是製成糟鰣魚了。西門慶招待應伯爵吃飯，「就將糟鰣魚蒸了來」。可見雖是糟鰣魚，也還是選擇蒸食。至於糟鰣魚的口味，「馨香美味，入口而化，肉刺皆香」。

康熙帝喜歡吃魚，有時還親自捕魚。他在避暑山莊時，常親自去釣魚，河中的細鱗魚最為康熙帝鍾愛。康熙四十二年（一七〇三年）七月，康熙帝賞賜細鱗魚給隨從校對書稿的常州人汪灝。

康熙帝對他道：「南方人吃魚，以鰣魚為第一，卻不知烏喇（吉林）的細鱗、柘條兩種魚，口味也不差。」清代，市面上出售鰣魚，大多分段出售，最好的一段在頭下兩寸餘的地方，約有六、七寸長的一段。鰣魚腹部是最肥美的一處，這一段正當腹部，肥美自在意中。離頭一、兩寸的一段，謂之眉毛段，魚刺極多。下面的一段，便到了魚尾，風味自然差一些了。江南地區的一般人家，每到清明時分，也能弄一段打打牙祭，嘗嘗鮮味。

2 一根鹿尾，飽覽遼、金、元、明、清歷史

在觥籌交錯的宴會上，僕人們在曲欄間來回穿梭上菜，一道道精美的食物被呈在夜宴的餐桌上。身著銀貂裘的少女，殷勤唱著小契丹。紅彤彤的燭光映照下，盛在金盤中的鹿尾，吸引所有人的視線。在清代，鹿尾不單單是道菜，更成了皇室炫耀武力的標誌、皇室施恩的必備，成為臣子身分與榮耀的象徵。大嚼鹿尾後，滿堂賓客皆盡歡。

在唐代，鹿尾是邊疆地區進獻的貢品，安祿山就曾進獻鹿尾醬給唐明皇。一次文人墨客大聚於洛陽金谷亭，席上就有鹿尾。酒酣之時，眾人共賦席上食物，陳子昂受命作鹿尾賦。賦云：「以斯尾之有用，而殺身於此堂。」由鹿尾之美，反而招致殺身之禍，真是匹鹿無罪，懷尾其罪。不過在宋代，不論是稗史札記，還是詩詞之中，均罕見鹿尾的記載，餐桌上也少了這道佳餚。與中原王朝比較起來，游牧民族更偏好鹿尾。在遼國、金國、元代的歷史上，多見鹿尾的紀錄。

遼太平十一年（一〇三一年），遼聖宗病逝，十六歲的遼興宗即位。母蕭耨斤把持政權，自稱法天皇太后，臨朝聽政，兒子遼興宗被架空。重熙三年（一〇三四年）五月，遼興宗聽聞法天皇太后要廢掉自己，就提前發動政變，率軍入宮，囚禁法天皇太后。重熙七年（一〇三八年）春，遼興宗親自奉迎皇太后，「居大安宮，侍養益謹。獵金山，進鹿尾茸」。不過進獻鹿尾之類，只是表面文章，母子二人實則積怨極深。遼興宗很怕她，出入必與其保持十幾里距離，以防不測。

無鹿尾，無貴氣

金國時期，鹿尾也是珍稀之物。金泰和五年（一二〇五年），金國以僕散揆為宣撫河南軍民使。僕散揆至汴，操練將士，軍中士氣大振。金章宗對僕散揆是信任備至，欽賜自己打獵獲得的鹿尾給他。元代名醫鄭景賢（號龍岡居士），很得成吉思汗賞識。鄭景賢與耶律楚材是莫逆之交，兩人不時互相饋贈，其中多有鹿尾。某年成吉思汗打獵於秋山，賞給鄭景賢的鹿尾，被轉贈給了耶律楚材。「龍岡託以鹿尾，可入藥，得數十枚，悉以遺余。」耶律楚材喜宴飲，酒席上多用鹿尾。友人的饋贈一多，他在詩歌中也矯情起來：「今年鹿尾不值錢。」（按：出自元耶律楚材《湛然居士集》。）

在元代，鹿尾是上層社會的常見菜餚。「春薤（按：音同「謝」，葉似蔥、韭，莖似蒜）旋澆濃鹿尾」，鮮美的春薤，澆在剛烹製出來的鹿尾上，饞得人口水直流。元代《居家必用事類全集》中還記載了一道鹿尾的醃製方法：「刀剃去尾根上毛，剔去骨，用鹽一錢，蕪荑半錢，填尾內杖夾，風吹乾。」這醃鹿尾，想來口味也不輸給春薤澆鹿尾。到了明代，基本上沒有關於鹿尾的消費與詠詩。鹿尾的全盛期在清代。皇帝賞給臣子的禮物中，有無鹿尾，成為臣子是否得寵的標誌。朝中群臣，迎來送往，書信字畫之外，若沒有了鹿尾互贈，都顯示不出廟堂的貴氣。曾國藩在翰林院過窮日子時，一根鹿尾，就能讓他振作。

入關之前，鹿尾是八旗貴族生活中的日常之物。入關之後，鹿尾成為東北進貢的大頭。盛京將軍每年冬至後進貢御膳用鹿尾，至立春日止。以光緒十六年（一八九〇年）為例，此年冬，盛京進貢的物品中就有生熟鹿尾二十餘條，此外還有乳油、黃油、鹿筋、鹿肉乾、蜂蜜等物。康熙親征塞外時，盛京將軍藉由驛站將各種物品相繼送來。康熙帝特意指示：「朕此處各種食物皆有，只要送鹿尾、鹿舌各五十，鱖魚、鯽魚等少許即可。野雉亦勿送來，此地多而且肥。」新疆伊犁原先也進貢鹿肉、鹿尾，後被嘉慶帝下令停止。新疆鹿尾停止進貢，讓詩人大發感慨：如此豐腴鹿尾，由是無緣近御廚。

除了吃，更是受寵的象徵

清代定制，歲暮時，諸位王公大臣皆有賞賜。查慎行（按：清代詩人）記載：「除夕前三日，內廷日直（按：當職）諸臣，人賜全鹿一隻，風羊兩隻、兔八隻、野雞八隻、鹿尾四枚、關東大魚八尾、黃封酒兩壇，此年例也。」除夕前一日。查慎行得賞鹿尾等物後，作詩云：「山海奇珍鼎味充，上尊羅列歲時同。」

對於受寵信的重臣，清廷常以鹿尾作為賞賜。如康熙帝的寵臣高士奇所載：「前時見天顏喜，鹿尾、熊蹯（熊掌）賜獨多。鹿尾、熊蹯，東方佳味，官廚以此為貴。」康熙二十二年（一六八三年）十二月二十三日，康熙帝賞賜已致仕的老臣張英，羊、酒、鮮魚、鹿尾等物，交付張英之子，翰林院編修臣張廷瓚代收。康熙二十三年（一六八四年），康熙帝南巡，張英至秦淮恭迎。是冬復賜羊、酒、鮮魚、鹿尾等物，仍由張廷瓚領取。如康熙三十六年（一六九七年）春正月，費揚古奏，在塞外生擒噶爾丹之子色布騰巴爾珠爾等。康熙帝大喜過望，當即賜鹿尾、關東魚。諭曰：「爾獨居邊塞，不得在朕左右，故以疏示，並問爾無恙。即如與爾相見也。」

康熙三十八（一六九九年）年正月初三，于成龍抵彭城閱河。是年春，康熙巡視河工，于成龍照例應在山東北界迎接。康熙帝特意指示：「河工關係緊要，他可以不必來迎接。他已到濟寧，就是接著朕一樣，著他星速回去。」又諭：「朕賜他的東西，盡多先將鹿尾帶去，賞他吃。朕到再加賞賜。」康熙帝到了南方後，于成龍前去迎接，康熙帝於舟中賜御膳，「又賜鹿尾、糟雉，各一匣」。雍正登基後，也以鹿尾賞賜親信臣子。如雍正五年（一七二七年）正月十七，正在雲南任職的鄂爾泰被賞給：「蘋果、文旦（柚子）、甜橙、廣橘、福橘三箱，哈密瓜兩個，鹿尾、鹿肉、樹雞、關東魚四簍，湯羊一隻。」雍正六年（一七二八年）正月初十，又將賞賜給鄂爾泰的物品，由驛站一路運到雲南，其中有「蘋果、廣橙共二簍，文旦、朱橘共一簍，哈密瓜二簍，鹿尾十隻，鹿肉六方，湯羊一隻，樹雞六隻，細鱗魚四尾」。鄂爾泰年譜中記載，他先後七次被賞賜鹿尾，且多次被賞給十根。

乾隆朝，鹿尾是宮中御膳中的日常菜餚。乾隆四十八年（一七八三年）正月，乾隆帝在圓明園、同樂園等處進早晚膳，菜單中有蒸肥鹿尾、清蒸鴨子、鹿尾攢盤等。將鴨子、鹿尾清洗乾淨，一起放在蒸籠內，配上蔥、薑、酒、花椒等配料，蒸上一個小時，至鴨肉、鹿尾爛熟即可，取出裝在攢盒（按：盛放組合式菜或各類果品糕點的傳統器具）內上桌。鴨子與鹿尾同蒸，鹿尾可以提高鮮味，鴨子肥腴，互相兼容，味道更美。類似的菜有鹿筋三鮮雞熱鍋，用雞肉與鹿筋同燒，燒出來的雞肉酥爛，鹿筋熟軟，湯熱肥鮮。

乾隆朝時，鹿尾也是賞賜時的必備物品。如乾隆朝末期，福康安、和琳領兵在前方作戰大捷，「著賞福康安、和琳，乾果二匣、鹿尾十個」。賞賜來的鹿尾，臣子可以獨享，也可以邀請他人分享，或轉贈他人。鹿尾成為清代上流社會宴席上的重頭戲，鹿尾一出，滿堂色欣食指動。清代吃鹿尾時，還有個別出心裁的遊戲——吃完尾巴上的肉後，在座眾人「當共嚼其骨也」。

清代銅胎畫琺瑯攢盒。（圖片來源：臺北故宮博物院。）

鹿，諧音「祿」，寓意吉祥

鹿尾之所以受到清代君臣追捧，原因較多。其一，鹿在中國古代，歷來被視為瑞獸，且鹿諧音「祿」，更蘊含著吉祥意義。逢年節時，鹿尾被皇室用作賞賜之物，寓意福祿。如張玉書深得康熙信任，其老母生病，請假三月回去奉養。康熙帝親自書寫《金剛經》五部賜給其母，又命將鹿尾送給其母，寓意吉祥。

其二，鹿尾具有藥補功能，滋陰補腎，與海狗鞭、熊膽、虎骨等物並列。清代人認為，鮮鹿尾如嫩肝，切碎煮粥，清而不膩，香有別韻，大補虛損。名將趙良棟年老臥病在床時，康熙帝派人前去問候，又賜以人參、鹿尾，給他調養身體。清代朱珪在《知足齋集》中載，鹿尾極好，能通督脈，調元養神。對於老年人來說，鮮鹿尾還可以細熬成鹿尾粥進補。

其三，鹿尾被重視的一個原因在於，清室如同遼、金、蒙古一樣，都重視馬上騎射功夫。入關之後，清皇室藉由定期舉行木蘭行獵，以示不忘騎射功夫，同時寓兵於狩。木蘭秋合圍，曠野狍鹿走，康熙帝在木蘭秋獮中就頗有斬獲，「哨獲之鹿凡數百」。「一騎飛來如電掣，黃封鹿尾進鮮來。」驅馳之間，皇帝親手獵鹿，再割下鹿尾賞給大臣，其中意義不言而喻。康熙三十二年（一六九三年）秋七月，康熙帝獵得鹿尾、鹿脯等物頗多。此時正值盛暑，康熙帝將獵獲的鹿尾，親手醃晒成鹿尾乾，進獻給皇太后。康熙帝很關注這些鹿尾，寫信詢問皇太后：「未知到日，其味何如？蒙加餐否？」

其四，鹿尾烹製後，味道鮮美，是一種上等食材。尹繼善品嘗天下美味，認為天下美味，當以鹿尾為第一。袁枚曾嘗過極大鹿尾，用菜葉包了蒸熟，味道果然不同，「其最佳處在尾上一道漿耳」。袁枚說鹿尾好在尾巴上的漿，即油脂。當肥肥的鹿尾端上來時，色澤若水晶一般，顫動之間的，那是油脂。就鹿尾的烹製，《醒園錄》中記錄了一個鹿尾的食用方法。此物當趁新鮮，不可久放，以致油乾肉硬，則味道不佳。烹製時，先用涼水洗淨，新布裹密，用線紮緊，下滾湯煮一袋煙功夫，取起褪毛，整理乾淨後，放在瓷盤內，配以清醬、醋酒、薑蒜等，蒸至熟爛，切片吃。還有一法，先用豆腐皮或鹽酸菜包裹鹿尾，外用小繩子或錢串，紮得極緊，下水煮滾，後取起去毛整理乾淨，安放在瓷盤內蒸熟切片吃。

鹿尾在清代地位飆升，進入八珍行列。八珍歷史悠久，漢代劉向《列仙傳》中即有「八珍促壽」之說。漢代鄭玄《周禮疏》中云，「八珍之中有炮豚」、「炮豚者，焰去毛而炮之者」。「周禮八珍，其一肝膋是也」。早期八珍，並不是什麼山珍海味，只是尋常炮豚、炮羊之類而已。此後八珍多被用來指王侯將相桌上的珍稀食物，或指代神仙酒宴上的名菜，或者指八種不同的烹調方法。

宋代呂希哲《雜記》中認為八珍是龍肝、鳳髓、豹胎、鯉尾、熊掌、猩脣、鴞炙、酥酪蟬，其中也無鹿尾。元代陶宗儀《輟耕錄》列出八珍，其中有野駱蹄、鹿脣等，並無鹿尾。明代《西遊記》中，玉皇大帝招待如來時，「安排龍肝、鳳髓、玉液、蟠桃」，也不見鹿尾。到了清代，鹿尾與熊掌、駝峰等物，被視為八珍。清人描述了宮廷之中御膳的浩大場景，「黃門飛鞚不動塵，御廚絡繹送八珍」。鹿尾此菜一出，萬菜黯然。紀昀《閱微草堂筆記》中載：「八珍惟熊掌、鹿尾常見，駝峰出塞外，已罕見矣。猩脣則僅聞其名。」清代小說《再生緣》中描繪了皇家宴席盛況時，也開始有了鹿尾：「席上邊，龍肝鳳腦江瑤柱，熊掌駝峰與鹿尾。」

八珍之中，很多只是傳說，或很難一見，於是鹿尾大行其道，是為長安口腹矜豪侈，古之熊掌今鹿尾。康熙朝時，姚文然曾擔任過刑部尚書，初到京城安頓下來後，給家中去信報平安。姚文然在信中大談鹿尾，「此中甚重鹿尾，味果佳」。姚文然是安徽桐城人，在老家從來沒有吃過鹿尾，到了京城後，方才知道人間竟有此種美味。為了讓家人也能嘗鮮，姚文然高價購得十數尾，用鹽醃製好了，託人帶回老家給家人嘗鮮，

「未知何如，且試一嘗之可耳」。

鹿尾有價值，是因為人的追捧

從皇室到官場，對鹿尾的追捧，導致鹿尾價昂。一條鹿尾的價格，超過了一頭整鹿的價格。「鹿尾京城極貴，價值白銀五六兩不等，他處全鹿，不能敵京城一鹿之尾也。」汪啟淑《水曹清暇錄》中載：「近時宴席不甚重熊掌、猩脣，而獨貴鹿尾。」安徽全椒人吳鼒，嘉慶四年進士。吳鼒在京城為官時，想吃鹿尾，只是價高難覓，託了同僚幫忙，方才購得。吳鼒得意的作詩道：「裙腰草淺踏宜緩，鹿尾價高求不慳。」

嘉慶年間，梁章鉅曾擔任過軍機章京，在皇帝身邊，冬季時常能得啖鹿尾，大飽口福。後來外放到江蘇做官時，每得鹿尾，梁章鉅不讓廚師烹製，而讓其夫人操刀薄切，下廚烹調，足見珍視。道光十五（一八三五年）年，梁章鉅升任廣西巡撫後，雖去京萬里，不過由於公文往來，差弁可攜帶鹿尾至桂林，與幕客共嘗。在桂林吃鹿尾時，梁章鉅曾賦詩云：「寒夜何人還細切，春明此味最難忘」，被桂林人傳為名句。梁章鉅致仕返鄉之後，不能得食鹿尾，大發感慨：「徒勞夢想而已。」

顧春是重臣鄂爾泰的曾孫女，幼年時家中遭遇變故，被顧氏收養。顧春工詩詞，善書畫，為八旗女詞人之冠，當時與納蘭性德並列。顧春成年後嫁給乾隆曾孫做側室，也能一嘗鹿尾。她在〈食鹿尾〉中寫道：「海上仙山鹿食蘋，也隨方貢入神京。晚餐共飽一條尾，即有鄉心逐物生。」顧春故鄉在關外，嘗了鹿尾之後，遐想曾祖父鄂爾泰時家族的輝煌，又生出對故鄉的思念之心。

在清代，翰林、軍機章京雖然位微，卻有著許多一般官員所沒有的榮耀，能得賞鹿尾也是其中之一。嘉慶末年，杭州人吳清鵬在翰林院時，大發牢騷，「翰林職冷無酬酢，歲晚飛書得米遲」。此時友人冒著風雪，送來鹿尾，頓時心情變好，大讚朋友：「厚祿故交殊不少，如君真有古人思。」

譚宗浚是廣東南海人，素來不曾吃過鹿尾。同治十三年（一八七四年），譚宗浚考得一甲第二名進士，入了翰林院。譚宗浚是饕餮之徒，曾創設譚家菜，為當時好吃之徒所周知。美食家譚宗浚，第一次吃鹿尾便大為傾倒，在〈初食鹿尾〉中寫道：「朝來食指徐徐動，想有奇珍五鼎烹。喜見腥肥蒸鹿脯，不辭爛醉倒鵝觥。」

到了清末，鹿尾仍是珍稀之物。許起《珊瑚舌雕談初筆》中記載，某次在上海，因事到洋行中。洋行總管林秋崖安排宴會，挽留吃飯。席中菜餚極為豐盛，無非是山珍海味，席上眾人都是吃慣了大餐的，均沒有特別感覺。當林秋崖小心翼翼的捧了個銀盤上來，介紹盤中乃是鹿尾，宴席方才進入高潮。林秋崖介紹，這道鹿尾，乃是託人從京城御膳房中購得，事先已煮熟。今天一早剛以輪船運到，在座諸位，可是大有口福矣。

至清室遜位後，鹿尾失去了其政治寓意，不過鹿尾仍然價高，能得嘗者，都是上層社會名流。平民百姓精心煮上幾根豬尾，這味道約莫也不會輸給八珍之一的鹿尾。

3

乾隆快馬送魚羹，朕心與你在一起

康熙二十九年（一六九〇年）十二月底，康熙帝賞賜給天主教傳教士六隻雞、三十隻野雞、十二條大魚、十二條鹿尾。過年之後，康熙駕臨暢春園，學習數學課。課畢，賜給傳教士御膳兩大盤魚，一盤是鮭魚或者鱒魚，另外一盤是重達十二磅乃至十五磅的魚肉，乃是鱘鰉魚。據傳教士記載，這是運到京城的最好的魚，肉味確實鮮美，魚的重量可達兩百磅。

乾隆年間，大金川之戰中，阿桂在前方攻克大金川第一要塞勒烏圍，之後阿桂修書報捷。乾隆吃飯時看到了阿桂的報捷奏疏，頓時潸然淚下，多年苦戰，方才攻克勒烏圍。皇帝的眼淚掉入魚羹中，乾隆命快馬加鞭，將魚羹送給阿桂，意思是朕的心與你們在一起。拋開乾隆帝的眼淚不管，這魚羹，卻可能是鱘鰉魚。鱘魚和達氏鰉這兩種魚類常被並列，稱鱘鰉魚。鱘鰉魚一直被當作珍稀美食，只是此魚口味雖佳，但外形醜惡，身長五尺，鼻長四尺餘。在古代，鱘鰉魚主要用來製成魚鮓，也就是醃製的魚。

北方少魚，但還是能有各種魚出售。大魚多來自天津，因為稀少，故而價格高昂，每年冬至後，關東出產的魚大量進入市面。漁民在十月後水結冰時打撈魚，以冰覆蓋，運輸保存，待過了驚蟄，魚不能保存，不復見於市面上。

早在唐代就有記載，東北地區出產高品質的鱘鰉魚。《酉陽雜俎》中云：「東海人常獲魚長五、六尺，腹胃成胡鹿刀槊之狀，或號秦皇魚。」宋代《太平廣記》記載：「盛京之魚，肥美甲天下，而鱘鰉尤奇。」盛京出產的鱘鰉魚，巨口細睛鼻端有角，大者重可達三百斤，冬日作為貢品，運到京城中，充庖備賜。偶爾也有在街肆上出售者，京城中人爭相購買，視為珍品。

鱘鰉魚在遼代名為阿八兒魚，出混同江，俗名鱘鰉，又名阿金魚。《金史》記載：「鱘鰉魚，黑龍江出。」元世祖至元二十九年（一二九二年），派兵討伐女真，進攻建州。金國大敗，涅徹烈僅以二十騎遁走。元世祖攻下建州後定，置肇州，此地特產鱘鰉魚。被俘的女真五百餘戶，充作漁戶，每歲捕鱘鰉魚，透過驛站進貢，「金史所謂牛魚者也」。

鱘鰉魚在明代也被追捧，徐渭曾作詩云：「應憐道路疲迎送，莫買鱘鰉糜俸錢。他日相過莫相忘，金山頂上酌清泉。」明代對於東北所產鱘鰉魚，也有紀錄。東北地區，「鱘鰉魚、牛魚，混同江出大者，長丈五尺重三百斤，無鱗骨，脂肉相間食之」。東北地區江河橫流，魚游泳於其下，有松花江、黑龍江等江河湖泊，還有各種沼澤和溼地，出產各種魚類。內務府所轄打牲烏拉衙門轄地廣闊，松花江周圍五百里，皆是其採捕區域。在黑龍江、烏蘇里江流域，打牲烏拉衙門也有捕魚的權利。

康熙十年（一六七一年）、二十一年（一六八二年）、三十七年（一六九八年），康熙帝三次出巡東北。康熙二十一年（一六八二年）東巡時，康熙帝在遼河親自捕魚，捕獲的鰱魚、鯽魚被切成段，一種浸羊脂，一種鹽漬，星夜送到京城，孝敬給祖母孝莊皇太后。他親到松花江張網捕捉鱘鰉魚，收獲滿滿，他得意的寫詩云：「更有巨尾壓船頭，載以牛車輪欲折」。他把捕獲的鱘鰉魚賜給扈從的大臣，還親自動手烹魚。

康熙在宴會上食魚時，想起一位老臣，便差近侍以御器盛魚賜之。朝廷官多，康熙帝一時忘記了，此名老臣已經返鄉。但御賜之食，侍衛不敢怠慢，又差專人將魚送至老臣鄉里。老臣接過魚，深為感動，但魚已腐臭。然魚為皇帝所賜之物，豈可不食？老臣只好捏著鼻子，當即吃下，旋而中毒，險些奪命。

打牲烏拉的魚

內務府都虞司中有打牲烏拉衙門，地處吉林城西北。烏拉地方物產富饒，水流豐沛，很早被清廷劃為禁區，設立打牲烏拉衙門管理。打牲烏拉衙門主要的貢品是東珠、蜂蜜、松子、鱘鰉魚等。順治朝之前，曾允許王以下、公以上，派遣壯丁到烏拉地區採捕東珠、貂鼠等物。順治七年（一六五〇年）之後，禁止王公前去烏拉採捕，此地從此專屬皇室。打牲烏拉衙門本屬內務府管轄，因為涉及人口管理，乾隆年間又由吉林將軍兼管，但主要由內務府加以管理。打牲烏拉出產的鱘鰉魚，一般有一丈多長，重三、四百斤，甚至還有體積更大的。

嘉慶十年（一八〇五年）之前，鱘鰉魚在京城中還不是特別昂貴。自從京城之中流行吃鱘鰉魚頭後，魚市紛紛囤積魚頭，晾晒之後再發賣，而價格也隨之高昂起來。京城中曾有邵闇谷太守的夫人，善於烹製鱘鰉魚頭。友人張瘦銅與趙雲松，半夜買了魚頭，來到邵家敲門狂呼。太守夫婦本已就寢，聽到聲音後，不得不開門讓兩人進來，又命夫人烹製魚頭。魚熟時端上桌來，東方既白，三人為之笑樂。張瘦銅有詩云，「昔年邵七同街住，半夜打門索煮魚」，讓後人嘆服前輩的風流灑脫。

每年打牲烏拉總管分兩次進貢鱘鰉魚、鱸魚、雜色魚等。鱘鰉魚先由吉林將軍呈貢鱘鰉魚十尾，滿者兩尾，餘八尾不立限，另有鱒魚九尾、翹嘴鮊、鱖魚、草魚、鯾魚、細鱗白魚共四百尾。第二次吉林將軍、打牲總管會銜，呈貢鱘鰉魚十尾如前例，另有鱒魚九尾、翹嘴鮊、鱖魚、草魚、鯉魚、細鱗魚各四百尾。

每年兩次捕撈鱘鰉魚，第一次是穀雨時節開始，至深秋時結束。派遣九十人，至邊外產魚各河捕撈。捕撈時用大眼網八塊，兩塊一練，合為一塊，順江橫蕩。是為「三五漁舟布陣開，鳴榔聲裡勢喧豗。浪花飛卷腥風急，喜見鱘鰉起汕來」。因為捕撈季節，天氣尚熱，且至北京路途較遠，不易保存鱘鰉魚。捕獲的鱘鰉魚，放入用木柵欄圈起來的魚渚中蓄養。蓄養的過程也頗麻煩，除了每日裡要捕新鮮雜魚餵養，水大了柵欄可能被沖掉，水淺了魚又養不活。

立冬前後，開始第二次捕撈。由打牲烏拉總管帶領官丁七十七人，赴伯都訥境產魚各河，捕打諸色魚。「按舊制，打牲烏拉有捕鱘鰉魚壯丁，又薦新之禮十二月，用鱘鰉魚。」至冬季進貢時期，選出符合要求的鱘鰉魚，用蘆葦捆好，放在草囤裡，再用貢車運輸入境。「每次用驛車二十輛，輸京城內務府。」此時天氣已達攝氏零下二十多度，魚出水即被凍死，能長期保存。鱘鰉魚冰凍後，以黃綾包裹好，裝載在驛車上。運輸途中並不停歇，在每個驛站更換馬匹，然後不停趕路，送至北京，交給內務府查收。

鱘鰉魚能吃也能賞人

鱘鰉魚肉質鮮美細嫩，是上好食材，康熙帝曾作詩云：「水寒冰結味益佳，遠笑江南誇魴鯽。」鱘鰉魚送入京城後，除了供宮中食用外，在祭祀、賞賜時也會用到。太廟每月祭祀，要用各色時鮮。如正月用鯉魚、鴨蛋、韭菜；二月用鯽魚、生菜、小蔥芹菜、赤根菜等；到了十一月則用銀魚、鹿肉；十二月用鱘鰉魚、蓼芽菜、綠豆芽等。所用之物，隨四季而變化，由內務府掌儀司主之。

鱘鰉魚乾，也是皇帝賞賜之物。宋犖擔任江蘇巡撫時，逢到康熙帝南巡，迎鑾時有各種賞賜。某日有內臣頒賜食品，並傳諭云：「宋犖是老臣，與眾巡撫不同。著照將軍總督一樣頒賜。計活羊四隻、糟雞八隻、糟鹿尾八個、糟鹿舌六個、鹿肉乾二十四束、鱘鰉魚乾四束、野雞乾一束。」

《紅樓夢》第五十三回中，賈府門卜黑山村莊頭烏進孝，呈上的年貨之中，即有鱘鰉魚兩條、各色雜魚兩百斤。雖說鱘鰉魚只有兩條，可魚重至兩、三百斤，卻也足夠賈府一嘗美味了。曹雪芹的祖父曹寅，曾陪同康熙帝巡視打牲烏拉，自然知道鰉魚的美味。以曹家的地位與財力，逢年過節，弄點鰉魚嘗嘗鮮，也不是難事。

鰉魚的進貢，由打牲烏拉負責。鰉魚凶猛無比，捕撈時極為艱苦。捕撈方法，有用黃柏做成木漂，浮於水面，漂上有鐵鉤，鰉魚若用魚尾擊打水漂，則被鉤住，不得走脫；或用長繩，繫魚叉上，投擲到鰉魚脊背之上，之後拉住繩子，追捕鰉魚；或是用柳條遍插在河道口，堵住鰉魚出路，用網捕撈。

東北等地每年均有上好的鰉魚、鱖魚、鱸魚、細鱗魚及各種魚類進貢，但在乾隆帝的菜單中，卻很少看到有魚。這與皇帝個人的口味相關，乾隆帝偏好雞鴨及鹿肉等野味，對於海參、魚類不感興趣。進貢來的魚、海參等，作為祭祀貢品，都賞給了臣子。乾隆帝雖不喜歡吃魚，對於宮中所用鰉魚，卻頗留意，這也是他一貫風格——注意細節。有一年乾隆帝去大祀天壇，走到正陽門外，看到菜市場上有人販賣東北運入京城的鯉魚，魚身長達一、二丈。乾隆帝再一看宮中用的小小鰉魚，大為不滿，將內務府大臣索柱革職。乾隆帝對於宮中事務格外留意。他曾專門派人在一個容器中，裝了草梗數十根，放在固定地方，每日派人檢查是否丟失。

光緒五年（一八七九年）冬，河水凍結，打牲烏拉總管親自督導，至邊外產魚處所，捕獲鱘鰉十尾、各色魚四百九十尾，總計五百尾，於十一月初九啟程恭進京。至光緒十年（一八八四年）時，打牲烏拉總管衙門下轄丁戶男婦子女已有四萬餘名，為此需要增加人手，以負責差徭事務（按：如築城、建造皇宮等事），及兼管各旗丁戶，特允其每年增加俸銀六百一十兩。光緒二十一年（一八九五年），打牲烏拉衙門，年例應進鱘鰉魚十八尾，分兩次呈進。此年僅獲四尾，擬分頭次呈進兩尾，兩次呈進二尾，計尚缺鱘鰉魚十四尾，於吉林屬界大小江河遍覓未獲。打牲烏拉總管自行請旨交部議處。不過朝廷對此也較為寬容，下旨稱毋庸議處。

同治年間的翰林寶廷是饕餮之徒，一次品嘗了鱘鰉魚後，作詩云：「紅如琥珀白如晶，往事圍爐重此烹。聞道近從江漢得，不教風味遜遼京。」據寶廷云，都中所食鱘鰉魚，皆從關東而來。京城有專門出售關東野味的市場，鹿肉主要在正陽門街、地安門街、東西安門外、東西四牌樓、東西單牌樓等處。其中紫鹿、黃羊、野豬、山雞、冰魚等物，俗名關東貨。在京的旗人，過年必用鹿肉、鰉魚等關東貨，稱作年菜。

到了清末，各種西方物品湧入，年味淡去，年貨也發生改變，引得詩人們大發感慨：「鰉魚鹿肉又湯羊，年菜家家例有常。舊貨關東今厭食，大餐新品說西洋。」到了清末，在飲食上，不但民間在變革，就連宮廷之中也有諸多變革。

4 康熙不喜歡人參，拿來賞人；乾隆喜歡，將它製成糕

金庸小說《鹿鼎記》第十回中，小郡主不理韋小寶，韋小寶又心急要去賭博，就回到房中，將小郡主鬆了綁，放在床上，又將她手腳綁住，拉過被子蓋在她身上。

韋小寶見她楚楚可憐，略有不忍之意，但要他不去賭錢，小郡主便再可憐十倍也沒用，拿過四塊八珍糕，疊起來放在她嘴上，道：「你一張嘴，便有一塊糕落入口中。可得小心，糕一跌到枕頭上，便吃不到了。」小郡主道：「你……你別去。」嘴上有糕，說話聲音幾不可聞。

金庸不知道的是，在康熙朝，宮中還沒有八珍糕。八珍糕是乾隆朝所發明的食品，以人參等補品為主要原料，專供皇室食用。

人參不同等級，不同功效

產於奉天、吉林、高麗等地的人參稱遼參，又稱吉林參、高麗參，以野生者為貴。中國古時候最重上黨參（按：產於山西上黨，屬桔梗科，上黨亦產人參，屬五加科），至清代，由於清室崛起於遼東，遂使遼東人參地位倍增，為參中王者。遼參產於深山人跡罕至處，採參時，必糾合數十、數百人，攜帶糧草弓弩器具而入。山中到處是參天大樹，不見天日，沿途要砍松枝燒火做標記。往往要在山中行上十餘日，深入千餘里，方有參源。

女真人一直將人參當作珍寶，嚴禁漢人、朝鮮人進入產參地區採參。明憲宗成化元年（一四六五年），東寧衛軍民前往遼東採挖人參時，被建州女真所傷。至皇太極登基後，更是嚴禁採參。天聰三年（一六二九年），清軍在新城地方，遇到東江毛文龍派出的採參軍民，「殺百餘人，生擒千總三員以歸」。

努爾哈赤時期，人參是對關內貿易的重頭戲，透過人參貿易，可以獲得鐵器、絲綢及各種日用品。但人參保鮮困難，時間一長，容易黴爛。努爾哈赤時期發明了蒸參法，將人參蒸熟晒乾後，可以長期保存，販賣至關內。至清室入主中原後，人參既是宮廷日常食用的補品，也是賞賜給大臣的重要物品。宮廷日用的人參存在內務府廣儲司茶庫中。每逢皇帝出巡時，也攜帶一定數量的人參，隨時備用。清代人參的使用，有著嚴格的等級區分。四等及四等以上的人參是專供帝后食用或是配製御藥之用，五等以下人參主要用以賞賜官員、變價出賣及入藥。

對於人參的功效，宋代《圖經本草》記載，兩個人一起走路，一人含人參，一人空口，各走三、五里許，不含人參者必大口喘氣，含人參者則氣息自如。清宮，妃子們常將人參含在口中，慢慢融化，據說可以美容駐顏。此外，人參還被用來入藥、泡酒、熬湯、製成藥丸，甚至是藥膳等，透過各種形式發揮滋補功效。

康熙不喜人參，因為被弄煩過

在清代皇帝中，對人參態度比較特別的是康熙帝，他不喜歡人參。雍正年間，民間曾有各種傳言，據說康熙在暢春園病重時，尚為皇子的雍正進了一碗人參湯，康熙帝用了人參湯後即去世，這其中，包含了民間輿論對雍正帝的惡意。

雍正進獻人參湯的傳言，毫無根據，康熙帝自己堅持不用人參，也反對臣子亂用人參。康熙三十二年（一六九三年）六月，因為御醫誤用人參，導致康熙帝煩躁異常，相關御醫均被嚴懲。康熙帝決意不用人參後，身體方才痊癒，此後對人參一直持有惡感。到了康熙五十年（一七一一年）九月，康熙帝在大學士李光地的奏摺上批示，「爾漢人最喜吃人參，人參害人處，就死難覺」。

康熙帝認為，人參適合南方人，不適合北方人，故而屢屢告誡（北方人）大臣們少用補藥和人參。康熙四十九年（一七一〇年）十一月三日，曹寅上奏稱，今歲偶感風寒，因誤服人參得解。這更加深了康熙帝對北方人不適合人參的印象。康熙五十一年（一七一二年）七月，曹寅生病後，康熙帝在給李煦的朱批中寫道，「南方庸醫每每用補劑，而傷人者不計其數，須要（必須）小心。曹寅原肯吃人參，今得此病，亦是人參中來」。

不過康熙帝也時常賞賜些人參給大臣們。如康熙四十四年（一七〇五年）十一月，江寧巡撫宋犖被賞賜高麗人參。在康熙帝看來，高麗人參不易燥熱，國產人參易燥熱，不適合老年人。個別得到皇帝寵幸的大臣，甚至主動索要高麗人參，康熙帝也大度的賞賜。康熙帝不喜食人參，乾隆帝則不然，不但喜歡，還發明出了滋補的八珍糕。

乾隆創造八珍糕

乾隆四十四年（一七九九年），乾隆帝住在避暑山莊，六月十二日，他命太監胡世傑傳旨：叫你們做八珍糕。所用之物有人參（二錢）、茯苓（二兩）、山藥（二兩）、扁豆（二兩）、薏米（二兩，炒）、芡米（二兩）、建蓮（二兩）（按：蓮花的一種）、粳米麵（四兩）、糯米麵（四兩）。乾隆特意關照，要用極細的麵粉加白糖八兩，和勻蒸糕。蒸糕時，派太監總管、藥房總管首領及親信太監看著火候，蒸後，晾涼了，每日隨著熬茶時送。

八珍糕以人參為主，輔以茯苓、蓮子、薏仁、山藥等八種中藥加糖製成，屬於健脾型療效食品。八珍糕不寒不熱，補中益氣，健脾養胃，加上色、香、味俱全，類似點心小食。

乾隆四十四年（一七九九年）九月初十，乾隆帝在煙波致爽（按：在承德居住時的寢宮）進早膳：燕窩秋梨燴糟鴨子熱鍋一品、炒雞肉片燉豆腐一品、羊肉片一品、清蒸鴨子燒狍肉糊豬肉攢盤一品、竹節小饅頭一品。早膳後熬茶時，傳送八珍糕一品。乾隆皇帝自六十五歲左右開始服此糕，直至八十餘歲，猶常服之。慈禧太后四十餘歲時，由於垂簾聽政，終日勾心鬥角，身體開始出現衰老、消化不良等症狀，服用此糕後症狀明顯改善，至晚年仍服用此八珍糕，未曾間斷。

服了人參，繼續效命

皇帝賞賜寵臣人參，表示恩寵之意，讓臣子滋養身體，更好的為皇權效力。康熙十九年（一六八〇年），大臣魏象樞生病，康熙帝賜給他人參及參膏，又命內侍前去詢問飲食。蔣廷錫在康熙朝備受寵幸，曾得到康熙帝欽賜的宅院。到了雍正朝，雍正帝對蔣廷錫的信任更是無以復加。雍正十年（一七三二年）冬，雍正帝一次賜給蔣廷錫人參十二斤。乾隆十三年（一七六八年），乾隆帝賜給在金川前線指揮戰事的傅恆人參三斤。

在清代諸帝中，道光帝堪為最摳門者。道光十八年（一八三八年），道光帝想念起致仕十幾年的老臣黃鉞，一算明年就是他九十歲生日，特賜他人參八兩，命其子到京城領取。道光帝又降手諭云：「知卿原不假參苓之力，聊伸眷念耳。」摳門皇帝捨不得多給人參，還要找點理由。

同治四年（一八六五年）間，因奉天馬賊肆擾，特派軍機大臣文祥帶兵出關剿匪，地方得以廓清。文祥剿匪時積勞成疾，朝廷一方面給他假期，讓他休養，又遣御醫診視，賞給人參，讓他安心調理。

利潤多多的人參

清代皇室食用的人參，主要透過打牲烏拉進貢、招商採參、八旗士兵採參等途徑獲得。打牲烏拉衙門配備有參丁約三百人，「國初定額，年交官參三千兩，每一牲丁，令交納一斤八兩」。若多交一兩，賞毛青布一匹，少交一兩，鞭責十下。乾隆十四年（一七六九年），因為參源枯竭，當年打牲烏拉只交了八百三十五兩。乾隆十五年（一七七〇年），經過奏准，打牲烏拉採參丁三百名停止採挖人參，改編為十二珠軒，負責採集東珠（按：產自東北地區的珍珠）。對於打牲烏拉衙門來說，採參只是其諸多事務中的一小部分，並不是特別重要。對清室來講，打牲烏拉衙門進貢的人參只是一小部分，透過招商採參等途徑，皇室可以獲得大量高品質的人參。

早在康熙五十三年（一七一四年），清室決定招商包辦採參事務。商人購得參票後，或轉讓出賣，或招攬人進山採參。招商採參實際效果並不好，康熙六十一年（一七二二年）時叫停。雍正年間一度鼓勵滿八旗兵丁、包衣牛錄（按：專門管包衣〔奴僕〕的官），領票入山採參。但在採參時，管理混亂，各行其是，不久即告停止。雍正八年（一七三〇年），皇商（按：有皇室背景的商人）范玉、范清注父子自告奮勇，願承包參務，此後連續承包十三年，每年僱用三萬餘刨夫入山採參，獲利無數。到了乾隆年間，乾隆帝眼紅採參的巨大利潤，以皇商「唯圖自身獲利，不能誠心放票」為由，禁止皇商辦理參務。

清廷在盛京、吉林、寧古塔等處，設立官參局，負責發放參票，辦理人參事務。「領票曰攬頭，挖參曰刨夫」，每張參票，攬頭可以攜帶一定數量的刨夫入山採參。領取官方發放的參票後，採參者可以入山採參。所採集到的最好的山參，上交給內務府，如遇到大枝山參，專供皇帝食用，不拘時段，可隨時進貢。

透過控制人參開採及貿易，清室獲得了巨大利潤。如乾隆二十五年（一七六〇年），實放出參票六千餘張，每張收官參六兩，共收參三萬六千兩，當日京城參價，參一兩售銀四十兩，則收入在一百四十四萬兩左右。所得人參，均交內務府，「其每票所收參六兩，仍解交納內務府，以作抵補之項」。

拿人工冒充野參，問死罪

嘉慶朝之前，關外人參資源相當豐富，人工種植雖不多見，但已開始出現。嘉慶朝開始，山參資源日漸枯竭，開始出現大規模人工種植秧參。人工栽培的秧參，除了成長週期短外，形狀、大小、顏色與野生人參沒有太大的區別，沒有經驗者很難區分。由於二者真假難辨，一些商人將秧參作為野生人參，交給官參局。官參局官員得了賄賂，視若無睹。

嘉慶十五年（一八一〇年），此事敗露。經過內務府聘請的專家鑑定，盛京進貢的遼參中，有六成是秧參，吉林則有九成是秧參。「盛京四等以上參六斤，內亦有秧參二斤。吉林四等以上參三斤二兩，大枝參十兩，竟全係秧參。」嘉慶帝震怒，下令將吉林將軍秀林及承辦人員，送交刑部處置。嘉慶帝親自召見秀林，加以責問。秀林辯解稱：「選參時只挑選根枝壯大、顏色紅潤者，不知道這是秧參。」嘉慶帝當場發怒，指責秀林，辦理參務十六年，竟然不能分辨山參與秧參，下令將秀林革職，派人至吉林詳細調查此案。最後查明，吉林將軍秀林以假亂真，侵吞參務銀三萬餘兩，被賜令自盡。對於專貢給皇帝的大枝山參，嘉慶帝特意指示，有自然最好，如果沒有，據實稟報也沒有關係，只是不可作偽。

內務府之中，庫存人參較多。而人參又不能長久保存，日久天長，必然腐爛。對於庫存過多的人參，自康熙年間開始，由內務府出面變賣。在南方，交給兩淮鹽政、江南三織造處及粵海關變價銷售；在京城，則由崇文門稅關售賣。正是手頭有人參資源，江寧織造曹寅患瘧疾後，大量服用人參，以至於康熙帝告誡他：「此病與服人參有關，不可再服。」

除了商人出售外，清廷還准許京城內的王公大臣，購買一定數量的人參。乾隆十一年（一七四六年），內務府決定：「將應賣參斤，王等准買十斤，大臣等准買三斤，六品以上官員准買一斤，俱向銀庫交銀領參。」京城中官參價格高昂，往往有價無市，得了官參的官員無不欣喜若狂。嘉慶帝時期，還特意將內務府中庫存的人參低價出售給大臣，相當於變相的官員福利，借此提高積極度。道光二十八年（一八四八年），曾國藩尚在翰林院當窮翰林。這一年其祖父生病，曾國藩花了高價，從市面上購買遼參寄回去。此時曾國藩級別不夠，買不到內務府中的官參，大嘆所購人參並非佳品。後來曾國藩在前方調度指揮作戰，每日忙碌，神經疲憊，不得不靠人參來調養。不過這時的曾國藩，因官階夠高，再也不用為高品質的人參操心。

到了咸豐年間，經過兩百多年的大規模開採，人參資源基本已經枯竭，清廷對於人工栽種人參，又持強烈的排斥乃至嚴禁態度。為了保護野山參，清廷一度頒布歇山養參的政策，可民間卻不管這些。朝廷一歇山，民間黑工就大量湧入偷採。到了咸豐年間，東北採參業基本停止，此後每年也就發放幾十張或幾百張參票，以供皇室之需，人參也不再是清皇室的重要經濟來源。

雖然人參資源日漸枯竭，不過皇室還是能弄到上品的人參。光緒六年（一八八〇年）八月，吉林將軍進獻老參兩枝：「連根鬚長尺許，其色金黃，其紋多橫，其質堅硬。嘗其鬚，味微苦，漸回甘，噙之津液滿口，須臾融化，真上品也。」正臥病在床的慈禧，服用了這兩枝人參，據為慈禧診治的名醫薛寶田在《北行日記》中記載，「昨用人參一錢，精神頓健。皇太后甚喜，云：『吉林人參頗有效，仍照用。』」

在此後的歲月裡，慈禧越發鍾愛人參，晚年時每日都要噙化人參一錢，所用人參每日包好，交給太監總管伺候服用。身體虛弱的光緒帝則相信西醫，經常使用西洋參與藥物配製茶飲進補。

5 燕窩，味如嚼蠟，照樣深得人心

在中國的食譜中，燕窩相對較晚出現。雖然唐宋時期，中國已經與東南亞等地有較多商貿聯繫，但此時燕窩還沒有進入中國。燕窩在中國歷史上較早的記載，可以追溯到元代。元代賈銘《飲食須知》中載：「燕窩，味甘性平。」元代沙圖穆蘇《瑞竹堂經驗方》中，則將燕窩作為藥方，「海上方，治惡瘡，燕窩內外泥糞，俱研極細，羅過，用油調搽」。

到了明代，燕窩被稱為海燕窩、燕窩菜，已有極少數人開始食用，尚未普及開來。初時明代人對燕窩的評價並不高，認為燕窩帶有腥味，如同嚼蠟。鄧慶寀《閩中荔支通譜》中寫道：「又不見西施舌（按：一種貝類）、海燕窩，未免微腥，奈若何。」姚旅《露書》則認為，燕窩以潔白為貴，「煮之雖皎若水晶，然如嚼蠟，亦陳平冠玉耳」，又認為燕窩雖能化痰，但功效不如鵝眼錢。

明代中後期時，東南亞如彭亨（按：今日馬來西亞西部最大的州）等國已開始入貢燕窩，透過海外貿易也能獲得大量燕窩。《見聞雜記》中記載，徐階曾對他講述了松江府官場上的奢華風氣，官場上饋贈時「用燕窩菜，兩斤一盤，郡中此菜甚少」。可見此時燕窩的量還是很大，一出手就是兩斤。李日華的《味水軒日記》中介紹了燕窩的生產及採摘過程，證明明代人對燕窩已有很多了解。據李日華記載，海中有金絲雀，吃了海灘上的蠶螺，就在岩石上吐唾液成窩，以育雛鳥。有時燕窩被海風吹落，沿海之人拾到，即今燕窩菜是也。

發揚光大的燕窩

在明代中期的詩詞和各種小說中，罕見與燕窩相關的記載。將燕窩發揚光大的，應是崇禎帝。崇禎帝嗜好燕窩羹，廚師每每煮好燕窩羹，都要先請五、六人嘗試，斟酌好鹹淡，方才進給崇禎。清人寫詩諷刺云：「凌晨催進燕窩湯，佩欓嗚姜出膳房。為是酸鹹要調劑，上方滋味許先嘗。」崇禎號稱節儉，為何突然喜歡燕窩，也是讓人不解。

燕窩的風行，甚至影響到了《金瓶梅》。《金瓶梅》第五十五回中，西門慶去東京參加蔡太師的生日宴會。明萬曆刻本這樣寫：「不一時，只見剔犀官桌上擺上珍饈美味來，只好沒有龍肝鳳髓罷了。」到了明崇禎刻本中，則變為：「犀官桌上列著幾十樣大菜，幾十樣小菜，都是珍饈美味，燕窩魚翅，絕好下飯。只沒有龍肝鳳髓。」因為崇禎帝喜愛，燕窩開始流行起來，也被寫入了小說中。到了明末，胡維霖詩云：「盤中蟹足已浮栢，海外燕窩又寄梅」，可見此時燕窩已在上層社會中流行開來。明代沈榜《宛署雜記》中記錄了南北官府在大宴時使用燕窩製作菜餚。清室入關之後，將紫禁城接手下來，既接手了建築、太監，也承襲了崇禎朝的膳房風格，於是燕窩在清代進入了輝煌期。由於清室對燕窩的推崇，民間紛紛效法，燕窩很快普及開來，價格遂開始暴漲。葉夢珠《閱世編》中記載，明崇禎年間，燕窩每斤不過銀八錢，到了清順治年間，燕窩價格暴漲，每斤達紋銀四兩。

此外，對於燕窩的功效，清人已有更多了解，不再將之視為味同嚼蠟。清代《老老恆言》中載：「燕窩粥，醫學述養肺化痰止嗽，補而不滯，煮粥淡食有效。」《粥譜》中云：「燕窩粥，清補宣肺益脾，宜富貴家老人。」

清代宮廷所用的燕窩，來自海外的進貢與地方官員的採購。雍正年間，南洋蘇祿國（按：古代存在於菲律賓蘇祿群島上的一個國家）來華進貢，貢品中有珍珠、玳瑁、燕窩。乾隆年間，暹羅國來華進貢，有冰片（按：一種中藥材）、沉香、犀牛、象牙、燕窩等物。此時燕窩在大清國從上到下風行開來，燕窩成為獲利巨大的貿易。

荷蘭人看到了燕窩貿易的巨大利潤，絞盡腦汁，將盛產燕窩的南洋各島嶼納入控制之下。王大海《海島逸志》中載：「海濱涯岸，石齒嵯峨，多洞壑，海燕千百為群，巢於洞中。自萬丹、巴城、三寶壟、竭力石、南旺、馬臣、貓蝥、把實，產燕窩者，不下數十處，皆和（荷）蘭之有力者掌握焉。逐年稅息，大者數千金，小者數百金，而富商大賈，納其賦稅以採取焉。」

看宮中如何料理

清代的燕窩，除了海外進貢的之外，廣東陽江縣也產上品燕窩，並被作為貢品。福建廈門承載了採購燕窩進貢的使命，每年分兩次，共要進貢兩百斤。這些燕窩產自南洋各地，匯集到香港。廈門商人到香港採購之後，呈交督撫將軍衙門驗收，會同其他貢物，如福橘、福橙、蜜柑、冰糖、藕粉、福圓膏等，一起轉送入宮。

《紅樓夢》第四十五回中，有一段涉及燕窩的描寫，談到了它的功效。黛玉嘆道：

「生死有命，富貴在天，也不是人力可強求的。今年比往年反覺又重了些似的。」說話之間已咳嗽了兩、三次。寶釵道：「昨兒我看妳那藥方上人參肉桂，覺得太多了。雖說益氣補神，也不宜太熱。依我說先以平肝養胃為要，肝火一平不能克土，胃氣無病，飲食就可以養人了。每日早起，拿上等燕窩一兩、冰糖五錢，用銀吊子熬出粥來。要吃慣了比藥還強，最是滋陰補氣的。」寶釵所言，上等燕窩熬粥滋陰補氣，確是當日上層社會的普遍認識，宮廷之中更是每日都要備上燕窩粥。

清宮膳食單上，搭配燕窩的菜餚頗多，如燕窩肥鴨絲、燕窩芙蓉鴨子、燕窩燴糟鴨子、燕窩鍋燒鴨子、燕窩鍋燒雞子、燕窩口蘑鍋燒雞、燕窩紅白鴨子、燕窩肥雞絲福壽麵、燕窩肥雞絲如意廂子豆腐、燕窩雞絲湯等。燕窩菜餚的製作過程，先將燕窩用水泡發好，去掉雜質，再將雞鴨類整理乾淨，或是入鍋一起烹煮，或是將燕窩絲排在雞鴨上方。香氣撲鼻的雞鴨盛宴，擺放在上方的一縷縷純白的燕窩絲，讓皇帝一時猶豫，不知是該先吃雞鴨，還是燕窩。

康熙年間《調鼎集》記載的數十種上席菜單中，燕窩位列首位。乾隆二十六年（一七六一年）二月十一日，乾隆帝早膳有冰糖燉燕窩，晚膳有燕窩清蒸雞。乾隆四十年（一七七五年）八月十五，乾隆帝在勤政殿用早膳，有燕窩芙蓉鴨子一品。八月二十九日，乾隆在額爾楚克哈達大營進早膳，有燕窩燴糟鴨子一品。乾隆四十四年（一七七九年）六月十五日，卯正二刻避暑山莊如意洲進早膳，用折疊膳桌，擺燕窩蓮子鍋燒鴨子一品。清宮之中常以燕窩搭配雞、鴨，也有單獨食用燕窩，如燕窩八仙湯、燕窩攢絲湯、燕窩三鮮湯、燕窩五福湯。咸豐帝駕崩之前，傳用冰糖煨燕窩，但未及用，卯時即駕崩。製作燕窩湯時，先取燕窩放入小杯內，用溫水浸泡至燕窩鬆軟，撈出洗淨，瀝乾水，撕成細條待用。再以各種湯料下燕窩，置小火上燒沸即成。

到了同治年間，清宮中出現了燕窩字菜系，以燕窩組成萬壽無疆、天下太平、五穀豐登等吉利字眼，置於煮好的雞鴨之上。同治八年（一八六九年）十月初十慈禧過生日，當日早膳有大碗菜四品：燕窩「白」字爛鴨子、燕窩「猿」字什錦雞、燕窩「獻」字燒鴨子、燕窩「壽」字三鮮雞。光緒元年（一八七五年）正月十五，早膳有大碗菜四品：燕窩「天」字金銀鴨子、燕窩「下」字口蘑肥雞、燕窩「太」字紅白鴨絲、燕窩「平」字五絡雞絲。在慈禧的早晚膳之中，必定是要有燕窩字菜四品，其他菜餚中也有燕窩製成的菜餚。同治時期，慈禧垂簾聽政，既干涉朝政，也對後宮膳食加以改變。燕窩字菜，既能滋補，又能討個好口彩，於是燕窩字菜一直延續下去。光緒庚子年，八國聯軍入京，慈禧、光緒一路出逃到了西安，剛剛安定之後，燕窩隨即送到。

至清室退位之後，小朝廷已經沒落，可排場照舊，燕窩字菜也被保留了下來。溥傑回憶道：「我印象比較深的，是官中吃飯的排場。我哥哥溥儀的飯菜，面前條桌、八仙桌上都擺得滿滿的，實際上真正吃的不過跟前有限的幾個菜。那些燕窩、魚翅和拼擺成萬壽無疆等字樣的菜餚，都是擺樣子看的。」

燕窩的好處？上行下效炒高行情

宮廷中的燕窩主要是東南亞的上品官燕，品質不是市面上的燕窩可比。宮中不時賜些燕窩給臣子，既是籠絡，也可讓年邁的老臣滋補。光緒十五年（一八八九年），恭親王身體不適，經諸名醫治療，稍有好轉。光緒帝念其功勞，「特頒內用燕窩數兩，命御前太監送恭邸」。光緒三十三年（一九〇七年），清廷嚴令戒煙（此指鴉片），結果管廷鶚因戒煙病故。慈禧對此感到很惋惜，又令慶親王放鬆戒煙的禁令。此時陸寶忠也在戒煙，慈禧生怕他戒出毛病，頒賞燕窩一匣，並命內臣傳諭，讓他安心調養。

燕窩分為官燕（白燕）、血燕和毛燕三類。白燕為上品，潔白光潔，透明囊厚，內有網絲，浸水後膨脹開，內多膠質，富有滋養成分。因為上品燕窩被用來進貢，所以稱為官燕；血燕雜有褐色，品質次之；毛燕色澤較暗，為下品，其間雜有黑色絨毛。上品燕窩，潔白通透，燕窩拉絲能有一根筷子長，只要一兩燕窩，即可以配一碗菜。故而京城內的好廚師，包辦酒席時，偏好用上等燕窩一兩，搭配雞湯、火腿湯、蘑菇湯三種湯，此外不再摻其他佐料。

在清代，從宮廷到民間，都極為追捧燕窩。不管是京城的官場，還是兩淮鹽商，抑或是蘇杭，燕窩都是宴席上的必備物品。嘉慶年間，紹興人張松庵在河廳任職，「凡買燕窩以箱計，一箱則數千金」。嘉慶朝之後，食材首推燕窩，道光年間上品燕窩價至三十、四十金一斤。同治年間，已是風光無限的曾國藩在湘鄉老家辦酒席，也用上了燕窩。到光緒年間，就連一般城鎮，都開始在宴會上使用燕窩魚翅等珍品，尤以燕窩為上，海參、魚翅次之。《庸閒齋筆記》載：「今之海菜推燕窩為首，佳者價至三、四十金一斤，較紫菜價百倍矣。」《二十年目睹之怪現狀》第三十七回中，雪漁道：「我們講吃酒何必考究菜，我覺得清淡點的好，所以我最怕和富貴人家來往。他們總是一來燕窩，兩來魚翅的，吃得人也膩了。」

由於燕窩風行，地方官有時還自作主張，加以干預。劉衡《庸吏庸言》中記錄了一道《勸民崇儉告示》：「筵宴不許過五碗，不許用品碗。五碗中禁用燕窩，只許用海味一碗，仍用素菜一碗。」林則徐離京赴任，前往廣東查禁鴉片時，發出的第一道公文中就有嚴禁用燕窩招待：「不必備辦整桌酒席，尤不得用燕窩燒烤，以節靡費（按：浪費）。」袁枚認為，燕窩味道最薄，唯一的好處就是價格昂貴。在《隨園食單》中，他寫道，燕窩要麼不要，要用就要用足，每碗必須三兩，不但取其貴，而且要取其多。一些人請客吃飯時，用不起三兩燕窩，就用三錢或者五錢燕窩，鋪在碗面上，形如一絲絲白髮，再用肉絲雜物襯之。

《鏡花緣》中有段評論頗為有趣，指出清人追捧燕窩達到了畸形的程度。「更可怪者，其餚不辨味之好醜，客以價貴的為尊。因燕窩價貴，一餚可抵十餚之費，故宴會必以此物為首。既不惡其形似粉條，亦不厭其味同嚼蠟。及至食畢，客人只算吃了一碗粉條子，又算喝了半碗雞湯，而主人只覺客人滿嘴吃的都是元絲錁，豈不可笑。」

曾國藩擔任兩江總督時，有一屬下想討好他，就重賄廚師，打聽曾國藩飲食癖好。廚師道：「吃的東西是應有盡有，不過你也不要擔心。所有吃的食物，都要由我經手呢。」後來這名屬下進獻上品燕窩一盂，讓廚師看看是否適合曾國藩口味。廚師看了，二話不說，掏出個竹管，對著燕窩一頓亂撒。幕僚一嗅，不由目瞪口呆，撒的原來是辣椒粉，急忙追問廚師這是為何。廚師笑道：「辣椒粉，大人是每飯必備，你就等著被提升吧。」不久之後，果然如廚師所言，辣椒燕窩送上去後，曾國藩吃得暢快極了，對這名屬下刮目相看。

到了晚清時，上海商人孫鏡湖發明了所謂的燕窩糖精。孫鏡湖聘了一批文人，寫文章吹捧燕窩糖精的功效。如九十歲的沈毓桂寫文章吹噓道：「西友每饋燕窩糖精，服之精神為之一振。」沈毓桂老頭子又繼續吹噓：「其製法取地道燕窩，以機器去其毛疵，以化學擷其精華，調以真味，製成糖精。功效非常，能開胃健脾，填精補髓，生津液，美容顏，隨時酌服，立見應驗。」實際上，燕窩糖精裡面並不含任何燕窩，但被吹噓為具有燕窩的滋補功效，哄騙了很多消費者，孫鏡湖也因此發了大財。

第6章

擁有山珍海味的御膳房

1

一窺御膳房禁地

《鹿鼎記》中，關於御膳房有諸多描述，對御膳房所用的主要食材豬肉也有描述：「御膳房在乾清宮之東，與侍衛房相距甚近，片刻間便到了。只見錢老闆早已恭恭敬敬的站著等候，手下幾名漢子抬來了兩口洗剝乾淨的大光豬。韋小寶臉色一沉，喝道：『老錢，你這也太不成話了！我吩咐你抬幾口好豬來，卻用這般又瘦又乾、生過十七、八胎的老母豬來敷衍老子，你……你……他媽的，你這碗飯還想吃不吃哪？』他罵一句，錢老闆惶惶恐恐的躬身應一聲：『是！』」

歷史上，每日一早，天尚未亮時，紫禁城東華門緩緩打開。首先進入東華門的，是押解著專供御膳房所用豬肉的屠夫們。之後進入東華門的是大嘴巴的御史，然後才是百官及在宮中當差者。日常飲食，乃是宮廷之中的頭等大事，雖位列九卿，也得在屠夫及豬肉之後，進入東華門。

順治初年，宮廷中分設茶房、飯房，負責宮中茶飲飯食。到了乾隆十三年（一七四八年），將二者合併為御茶膳房。在頤和園、西苑、避暑山莊等處也有御膳房，稱園庭御膳房。各行宮則設有「行在御膳房」，至皇帝出巡時，專門配備御膳班子。

大清入關之後，在法律上多沿襲明代。明律中規定，「凡擅入太廟門及山陵兆域門（按：帝王的墓地及四周的門）者杖一百。太社門，杖九十。未過門限者各減一等。凡擅入皇城午門東華西華玄武門，及禁苑者，各杖一百。擅入宮殿門杖六十，徙一年。擅入御膳所及御在所者絞，未過門限者各減一等」。此條法律中，擅入御膳房者，處以絞刑，因為御膳房涉及的是皇帝的日常飲食，自然要格外重視。清代完全照搬此條，以確保皇室安全。所以《鹿鼎記》中描寫，韋小寶領了人，隨意出入御膳房的情景，是不可能存在的。

御膳房專司皇室日常飲食、時節供獻、招待宴席等。《養吉齋叢錄》載：「舊時膳房匠役四百名，道光年裁兩百名。」而據《大清會典》載，清代御膳房屬下有庖長四名、副庖長四名、庖人五十名、廚役二十八名，又內膳房廚役六十七名，通計不過一百五十三名。

吃飯皇帝大

皇帝吃飯叫作進膳，開飯叫傳膳。皇帝每日有兩頓正餐，分早晚，時段並不完全固定，但相差不會太大。皇帝想要進膳時，只要吩咐傳膳，御膳房立刻開動。各種菜餚，事先已經固定，御膳房提前就已準備好，放在文火上慢慢燉，等皇帝說「傳膳」，立刻就能端上。很多菜只是擺設，皇帝根本不會嘗，但仍然不能馬虎，照樣要精心準備好。食物準備好後，太監們排成長隊，抬著大小不同的七張膳桌，捧著幾十個食盒，浩浩蕩蕩的直奔養心殿而去。食盒裡的飯菜，在東暖閣的膳桌上擺放好，平日裡分兩桌擺放菜餚，冬日則另外添加一桌火鍋。此外還有點心、粥品、米膳、滷菜各一桌。

誤了皇帝及各位主子們的飯食，可是大事。乾隆五十三年（一七八八年）八月二十六日，御膳房總管王進寶漫不經心，導致諸位公主飯食，至晚全未預備。對此事故，內務府大臣很驚慌，認為非尋常錯誤可比，最後將王進寶打了四十大板，扣月銀兩年，其他相關人員也分別被責罰。

御膳房廚師也是世襲制

比較起來，明代宮中廚師規模更為龐大。嘉靖年間，宮中廚役多至一千三百六十三名，後經徐階等奏請，以一千名作為定額，以三百名作為後備。明代廚師還能干涉國政，卻是史上罕見。嘉靖十年（一五三一年），光祿寺廚役王福，力請遷嘉靖帝之生父興獻王的梓宮，葬於北京，大合皇帝心意。嘉靖帝命群臣會議，群臣均認為不可，又指責廚師議論國家禮儀大事，亙古僅見。

據溥傑回憶，清宮中的御用廚師，大多是內務府的旗人。一說認為，御膳房的廚師，最早是內務府從關外帶入的，此後世代相襲，形成御廚世襲制。關外廚師到了京城後，承襲關外時的風格，宮內膳食以各種肉類、野味、黏食餑餑為主。菜餚中較多使用野味，如虎、熊、狍、獐、鹿、山羊、野豬、山雞、野雉、野鴨之類。除了一小部分乾隆朝來的南方廚師外，其他御用廚師都是世襲的。御用廚師的家多安置在北京西郊海淀，他們是特殊的階層，家境比較殷實，生活富裕。到了民國之後，靠著宮廷御用廚師的招牌，或是自己開設餐館，或是被高薪聘去擔任大廚。御用廚師每月收入五、六兩銀子，但有很多外快，如與宮外的飯莊勾結，銷售御膳房剩下的材料等。

任何東西一旦世襲，就意味著封閉、守舊。就御膳房而言，廚師世襲意味著難吃了。為了讓食物好吃，讓皇帝開心，宮廷中的御膳還是有所變革，如具有魯菜風格的明代宮廷菜餚，就被清宮吸納。至乾隆朝，乾隆帝下江南時，帶回了一些蘇杭廚師，豐富了御膳房的菜品。雖說廚師一職世代相傳，可皇帝喜歡江南菜餚，要用些江南廚師，也無人敢反對。由此宮中形成了南北兩派，此時的宮廷宴席，南北兼及，滿漢融通。

御膳房下還有分五局

御膳房下設各局，分別是做雞鴨魚肉的葷局，做素菜的素局，做燒烤之類的掛爐局，製作包子、餃子、燒餅、點心的點心局，及負責蒸飯、熬粥的飯局。葷、素、掛爐局，屬於紅案；點心局、飯局屬於白案。御膳房各局平日分為兩班，每班設一個主管、六個廚師，還有六、七個太監，以及各種蘇拉（雜役）。

素局專司每月朔望及神道祭日，供給各種素席，及宮內有吃齋時的事宜。素局在御膳房中，堪稱最為冷清的地方，油水最少。葷局則最有油水，每日裡經手的豬肉銀錢數就很可觀。湯局每日要預備灌湯、製湯，每日選用雞兩隻、鴨兩隻、豬蹄膀兩個。所用雞鴨，由專人飼養，均須有一至兩年以上飼養經驗。取用時，將雞鴨洗乾淨放入布袋中，加佐料用水煮。用文水煮一會後，取出布袋，用木棒將袋中雞鴨擊碎，入鍋再煮，然後取出布袋，將湯中渣滓濾去，湯呈清水狀，以供膳房使用。

御膳房各局每日裡為皇室操勞，皇室外出時，也會欽點御膳房各局隨行。如光緒十三年（一八八七年）臘月二十九日時，慈禧到醇親王府邸探親，光緒帝巳時乘馬車趕到。未時，光緒帝先乘馬車回宮，慈禧則在醇王府中用晚膳，至酉時乘轎回宮。此次出行，御膳房總管等忙得不可開交，分撥葷局、點心局、飯局內監人等，準備好各種食材，至醇王府中以備隨時傳用。

膳食須對味，排場更是不能少

宮廷菜餚最重視食材。如熊掌、鹿茸等要東北產，鱖魚要鎮江產，銀耳要四川通江產，鮑魚、海參要山東產，魚翅要南海產，水則用京西玉泉山泉水，米用京西稻和南宛稻。御膳房所用家禽家畜，主要有鴨、鵝、雞、羊、豬等。御膳房日常使用的家禽中，鴨子用得最多，家畜中羊用得最多。魚類主要用松花江銀魚和鰑鰉魚，歸入野味類烹製。海鮮之類的菜，除了光緒帝喜歡之外，其他各個時段均用得不多，也不大用蝦。每逢大齋之期，御膳中按例不進蔥韭，立春節或值祈穀齋日，則不進辛盤（按：舊俗農曆正月初一，用蔥、韭等五種味道辛辣的菜蔬置盤中供食，取迎新之意）。

宮廷喜用鴨肉，主要是鴨肉屬陰，皇帝每日公務繁忙，難免體內燥熱，多食鴨肉，可以清熱健脾。鴨子的做法多種多樣，如清蒸、白煮、乾燒、紅燒、油燜、掛爐等。至於羊肉，則補元氣，健脾胃，益腰腎，對食慾不振、腰膝痠軟等症狀有良好食補效果。到了同治、光緒年間，受出身平民的慈禧影響，增加了些旗人的家常菜，如炒麻豆腐、熬冬瓜之類。因為慈禧不吃茄子和黃瓜，這兩種菜蔬也從菜單上消失。

清代皇帝，平時吃飯稱為傳膳、進膳、用膳等，辦宴席一般在乾清宮、太和殿，祭祀時在坤寧宮進膳，日常膳食則多在養心殿、重華宮等處。每個皇帝，口味都不一樣，御膳房根據皇帝的口味做菜。

乾隆帝對吃很講究，每次膳食菜餚一般都在四、五十種以上。乾隆帝特別喜歡吃蘇州菜和鴨子，每天菜單中必備。不過乾隆帝不喜歡海鮮，在保留下的食單中，少見魚翅、海參、大蝦、鮑魚之類。光緒帝喜歡海鮮，魚翅、海參、海蜇、海帶等是每餐必備。慈禧則喜歡吃清燉鴨舌、鴨掌、燻烤菜及小窩頭等點心，也喜歡吃蘑菇、木耳和新鮮的蔬菜。溥儀則比較另類，喜歡吃素食和西餐。

清代皇帝吃飯，主要是吃個排場。清室遜位後，宮中排場照舊。溥儀回憶，用膳時，由幾十名穿戴齊整的太監排成隊伍，抬著大小七張膳桌，捧著幾十個繪有金龍的朱漆盒，浩浩蕩蕩的直奔養心殿而來。進到殿裡，由套上白袖套的小太監接過，在東暖閣擺好。平日菜餚兩桌，冬天另設一桌火鍋，此外有各種點心、米膳、粥品三桌，鹹菜一小桌。入座之前，一個小太監叫一聲「打碗蓋」，其餘四、五個小太監便動手把每個菜上的銀蓋取下，放到一個大盒子裡拿走，溥儀就開始用膳了。

宮中膳食都固定，口味一般般

宮廷每日裡在食物上浪費頗多，歷代皇帝不時加以整頓。雍正二年（一七二四年）六月十二日，雍正帝指示御膳房，凡粥飯及餚饌等類，吃不完的切不可拋棄溝渠，可以賞給服役下人。人不可食者，則可以用來哺貓犬，再不可用，則晒乾了用作鳥類飼料，斷不可浪費拋棄。雍正三年（一七二五年）四月，雍正帝指示內務府：「今年京城附近地方，雖雨水露足。然山東河南兩省，尚未得雨。進膳餚饈，宜為撤減。著每日只用菜蔬二器、餅餌二器、滿菜二器，用榼盛貯進御，餘物一概不用。」

雍正四年（一七二六年），雍正帝又發布上諭云：「朕以勤儉先天下，宮廷之中，於食餘之物，皆不忍棄，必令人拾取收存之。」雍正帝登基數年，所積累下來吃剩米粟，已至數石之多。雍正五年（一七二七年），雍正帝又絮絮叨叨的發布上諭云：「朕生平愛惜五穀，每食之時，雖顆粒不肯拋棄。」雍正七年（一七二九年），再發上諭，指責御膳房的溝水內，拋棄飯粒甚多，「如朕遣人再行查出，絕不輕恕」。

清代宮中，每日有大量剩菜，多被拋棄。當年雍正帝無比痛心，每日收了晒晾，積累了幾石，至於如何使用，卻沒有下文了。此後乾隆朝是盛世光景，也不會在乎這些剩米剩菜，浪費依舊。到了道光帝坐上龍椅之後，素來摳門的他，看著宮廷中每日的浪費，大為心痛。

道光帝特意下令，將剩菜拿出宮外售賣，與貧民一起分享。宮廷中的剩菜，到了外面，卻是稀罕之物。精明的小商販，在宮廷剩菜中，加上白菜、乾粉（按：一種用綠豆、番薯等製成的細條狀食物）、豆腐、豬血，一鍋煮熟，挑到街頭售賣，香氣撲鼻，吸引了無數食客。據齊如山記錄，他曾在京城吃過兩次，頗為適口，對窮人來說是絕好食物，且價格便宜，每碗不過兩枚大錢。

宮中菜餚，每日俱有成例，很難更改。光緒年間，雲南繆素筠女士入宮，教授慈禧書畫。慈禧太后傳旨御膳房上菜牌，供繆素筠挑選。御膳房將菜牌遞入，請繆素筠女士點菜，且提醒她必須點滿十六種。繆素筠女士點了十六道菜，品嘗後發現口味一般，說不上難吃，也說不上好吃。此後在宮中，每日菜餚均是這十六道。繆素筠女士吃得發膩，就請太監換換口味。太監則云，換菜需要奏明太后，再行文光祿寺、內務府，不可輕易更改。繆素筠無奈，只好默默接受，此後只要有機會出宮，必至親戚家大嚼一番，方才心滿意足而去。

總體而言，御膳房的菜餚，如同九天之上的神仙宴席一般，讓人想起來就心潮澎湃。可其中的五味，卻不為外人所知了。至於御膳房服務的主子皇帝們，也許一碗片兒湯，勝過御膳房中的萬千美味。

2 清代的酒中寵兒：玉泉酒

女真人在關外時，很早就會造酒，《魏書》：「勿吉嚼米醞酒，飲能至醉。」《隋書》：「靺鞨嚼米為酒，飲之亦醉。」到了明代，女真人照樣好飲，只是從低度的發酵酒改為烈性燒酒。明代《殊域周諮錄》中記錄：「女真略事耕種，聚會為禮，人持燒酒，席地歌飲。」至努爾哈赤一統女真各部之後，喝酒之風蔓延，各種宴會之中，烈性燒酒頻繁出現。

如天聰九年（一六三五年）四月十七日，皇太極設宴。貝勒跪下，向皇太極獻燒酒請飲。皇太極說：「共飲吧。」於是大家席地狂飲，皆大醉。此年皇太極曾以燒酒祭奠一名去世的臣子，「追念他好，奠燒酒」。燒酒雖好，但容易醉，所以努爾哈赤特意規定，飲酒限三巡。入關後，清代承襲明制，於順治十年（一六五四年）在神武門內路西設置酒醋房，負責釀酒事務。後酒醋房隸屬內務府內管領處，俗稱「掌關防處」。

就飲酒而言，清代皇帝都能做到適量，可在飲酒上，雍正帝最為憋屈。雍正帝登基之後，又有各種負面消息圍繞著他，如他酗酒、好色、搶奪兄弟皇位、謀殺父皇康熙等。面對這些飄忽不定、口耳相傳的謠言，雍正帝竟也無可奈何。雍正四年（一七二六年），京內一份小報上突然刊登雍正帝在端午節與群臣縱飲作樂的消息，傳播甚廣，但雍正帝很少飲酒。陝西固原（州）提督路振揚來京覲見，離開時對雍正帝道：「臣聞流言，謂皇上即位後，常好飲酒。今臣朝暮入對，惟見皇上辦事不輟，毫無酒氣。」

清代宮廷所用酒，種類較多，既有宮中自釀，也有各地進貢。內務府中常見的有挏酒（馬乳酒）、玉泉酒、太平春酒、蓮花白酒、櫻桃酒、桑葚酒、屠蘇酒、葡萄酒、雄黃酒、紹興酒等。皇室根據不同的時節和場合，飲用不同的酒。

康熙年間，有大臣去世後，皇帝特意賜奶茶、挏酒慰問。王世貞《弇州四部稿》載：「挏酒，以馬乳為酒，撞挏乃成也。」撞挏者，即擊打攪拌，蒙古人將馬乳傾入羊皮袋或其他容器中，不時用木棒攪動，待其發酵變酸，便可飲用。

清康熙年間，蒙古王公將水草豐美的木蘭圍場送給康熙，作為皇家狩獵牧場。木蘭圍場牧有萬千馬匹，取馬乳製成挏酒。康熙二十三年（一六八四年）六月，康熙帝出塞打獵，與蒙古王公共飲挏酒。康熙帝特意解釋了酒的來歷：「此酒乃是朕在草原上放牧的馬，取馬乳所蒸之酒，由牧馬首領送來。今日日色融合，又在塞地，爾等各寬心暢飲。」挏酒是皇帝在重大節日的招待用酒之一，如太和殿賜宴時，即有挏酒。大臣董誥赴皇室宴席之後，記錄云「挏酒千巡」，卻是誇張筆調了。在陪同乾隆帝到塞外打獵時，董誥飲罷挏酒，又作詩云「駝酥挏酒美」。

對於位居高位的大臣，皇帝不時以挏酒賜下。如張英，備受康熙帝信任，「寒雀無聲雪滿天，賜來挏酒侍臣偏」。張英深感皇恩浩蕩，作詩表示，恨不能滿頭白髮一夜變黑，好繼續為皇帝效力。某年的除夕日，翁同龢得到皇帝賜下的貂皮和挏酒，作詩云：「賜貂溫厚服章身，挏酒甘芳飲幾巡」。琉球學生來華時，皇帝特賜挏酒，琉球學生無不歡欣，「割鮮挏酒醉斜曛」。

各地好酒，不比宮釀玉泉

清宮之中，有各地的好酒進貢，如山西汾酒（高粱酒）、浙江紹（興）酒等。今日四川以產美酒而負盛名，在清代卻沒有今日的這般規模。丁寶楨《丁文誠公奏稿》中載，當日四川尚無著名酒行，全國酒肆所售之酒，「如浙江之紹酒、山西之汾酒等項，通行天下，利息甚厚」。袁枚曾揚言：「既吃燒酒，以狠為佳，汾酒乃燒酒之至狠者。」在京城的宴席上，紹酒、汾酒乃是主角。乾隆朝多次頒發酒禁，但因為乾隆帝喜愛汾酒，汾酒未被列入查禁行列。

曹寅在〈施濤江和詩留別兼餉荔枝酒作此志謝〉一詩之中，提到了一種宮廷貢酒——荔枝酒。「誰拈重碧擘輕紅，萬里春隨䑺舶風。方物常年隨職貢，郵籤第一接詩筒。」荔枝酒的出產地，可從明人張萱的一個紀錄中加以推斷。張萱是廣東博羅縣人，他記載：「余鄉啖荔枝，多以燒酒泛之，即製荔枝酒者。」廣東產荔枝，此地以荔枝浸泡燒酒，明代即廣受歡迎。在清代文人的紀錄中，多見嶺南荔枝酒一說，如錢謙益「我有羊城荔枝酒」，方浚頤「佐以粵友所餉荔枝酒」等。荔枝酒成為宮廷貢酒，還被用於外交場合。如雍正五年（一七二七年），博爾都噶爾雅國（葡萄牙）遣使來華。雍正帝賜人參、瓷器、紙墨、荔枝酒、芽茶（按：以嫩芽為主製成的茶葉）等禮物。

在清代宮廷諸酒之中，毫無疑問，內務府酒醋房自釀的玉泉酒，占據了王者地位。乾隆二十四年（一七五九年），內務府將辦理酒醋房事務首領太監全部裁減，另派內管領兩名辦理。此次酒醋房的人事變更，由宮廷御酒「玉泉酒」而起。

清代的玉泉酒，取北京西郊玉泉山之玉泉水所釀製的蒸餾酒。京城中的井水多苦澀，泡茶的茗具三日不擦拭，則布滿水垢。京城中的水井，有苦水，有甜水。凡有甜水井者，稱水屋子，每日以車載井水，送給訂水的人家，稱送甜水。至於大內飲水，則專取玉泉山水。乾隆帝喝慣了玉泉水，每逢出巡，必載玉泉水隨行。玉泉酒以糯米為原料，輔以花椒、芝麻、箬竹葉等，加豆麴、淮曲、酵母，用玉泉山泉釀造。玉泉酒釀成之後，潔白如玉，入口甘甜，成為宮中必備。

玉泉酒是清宮之中的日常消耗品，正常情況下，每年需要用上萬斤的玉泉酒。除了皇帝每日的供應外，會在生辰、婚嫁、賞賜、祭祀等場合中飲用玉泉酒。如乾隆五十八年（一七九三年），八十三歲的乾隆帝，在避暑山莊接見了英國使節馬加爾尼。在行完覲見禮後，使團入座享用酒饌。宴席極為豐盛，乾隆帝又命執事官，取其桌上的盛饌數樣及酒一壺，送到馬加爾尼桌上。此酒也是乾隆帝御用的補酒，馬加爾尼記載，此酒以米、香草、蜂蜜等物混合製成，飲之甘美順口，當日天氣寒冷，「飲此溫酒體乃大暢」。馬加爾尼當日所飲用的應是玉泉酒，只是他不知酒名而已。

乾隆二十四年（一七五九年）正月二十九，乾隆帝在山高水長殿，宴請王公大臣、蒙古王公、哈薩克使臣。不想酒席之中，發現酒醋房太監用渾濁無味的劣酒冒充玉泉酒。乾隆帝發現後大怒，下令內務府徹查酒醋房。此後又查出宮中一年所用玉泉酒達萬餘斤，「玉泉酒一項，二十三年以前，每年用至一萬餘斤」。清查之後，總管內務府大臣傅恆指出，酒醋房用酒存在諸多弊端，如宮中每次宴席所用酒量多寡不一，並無統一規定。酒醋房中的帳目也是事後依靠口頭傳達，加以記載，多有錯訛。酒醋房主管太監漫不經心，濫支濫用等。傅恆查辦之後，建議將主管太監議罪，同時整頓酒醋房。

乾隆禁酒？說說而已

乾隆二十三年（一七五八年）之前，酒醋房由太監管理。此番整頓，將太監裁減，「派內管領兩員試辦一年」。作為總管內務大臣，傅恆也自請處分。經過乾隆二十四年（一七五九年）內務府清理整頓，接手管理之後，宮中玉泉酒的用量不斷下降。乾隆二十五年（一七六〇年）至乾隆三十一年（一七六六年），每年用玉泉酒八、九千斤不等。乾隆三十二年（一七六七年），內務府再清理整頓，又將各處玉泉酒用量減去三千四百餘斤，每年用量一千兩百餘斤。乾隆三十四年（一七六九年），內務府再將各處領用玉泉酒減去九百餘斤，每年只准用一千一百餘斤。自乾隆三十四年（一七六九年）以後，玉泉酒的用量，被降到一千餘斤，此後常年保持在此數量。

乾隆帝不僅在乎宮廷中玉泉酒的使用量，在他執政期間，曾多次頒布禁酒令。乾隆帝登基之初，命群臣就是否嚴禁燒酒發表意見。綜合考慮群臣的建議之後，乾隆帝決定嚴禁踩曲（按：製作酒麴需要用腳踩，故稱），燒鍋則由各省根據地方情況，自行決定是否開禁。禁酒、禁曲僅禁民間大批量燒曲、燒酒，不含民間少量自釀自用。但乾隆帝的禁令，推行效果一般，形同具文。乾隆三十六年（一七七一年）十月，乾隆帝發布詔令稱：「踩曲燒鍋之禁，其來已久，何以從未有拏獲（擒獲）之事？」整個乾隆朝，雖然乾隆帝屢次下令禁酒，卻未有什麼實際效果，到底皇帝自己也是喜飲之人。

至於宮廷之中，日常供應的玉泉酒數量不斷變化。嘉慶初年載，內膳房每日供應玉泉酒的標準是太上皇二兩，皇上一兩。嘉慶帝每日的供給為一兩玉泉酒，這不代表他不會飲酒。嘉慶帝酒量頗豪，嘉慶九年（一八〇五年）五月十六日，恰值春盛，皇帝賞春飲酒，一次飲玉泉酒十兩，太平春酒四兩。太平春酒乃是藥酒，以當歸、紅花、枸杞、佛手、茯神、桂圓、陳皮、紅花等中藥材，放入布袋之內，經過浸泡而成。

乾隆十五年（一七五〇年）時，乾隆帝詢問御醫太平春酒的藥性，被譽為「京中第一醫官」的御醫劉裕鐸回覆：「藥性純良。」乾隆帝答覆：「知道了。」乾隆十八年（一七五三年）時，乾隆帝又批示，太平春酒略苦，應將其中的佛手成分減去。此後的歲月中，乾隆帝繼續服用太平春酒，並根據身體情況，增減其中的藥材。

到了光緒年間，玉泉酒的供應量和供應範圍擴大。光緒十年（一八八四年），每日供應皇帝玉泉酒四兩，慈禧太后一・二五斤，內廷其餘妃嬪每人三兩。慈禧太后喜歡以玉泉酒調味，每日要用酒一・四斤。在烹製火腿這樣的食物時，所用玉泉酒更多，每日單火腿就要玉泉酒一斤，一年下來，用酒頗多。光緒十年（一八八四年），慈禧、光緒帝及膳房用酒，奉先殿各處供酒，御前太監添行盒飯用酒等，總計使用玉泉酒八千零八十・二斤。加上宮中其他各項用酒，一年所用酒量驚人。

玉泉酒伴隨著大清王朝，一直走到了清末。清帝遜位之後，宮中還有玉泉酒供應，只是規模不及往昔了。進入民國，啤酒成為新寵。製作啤酒時，須選用清冽水源，方能製出佳釀。當日北京所生產銷售的啤酒，如五星啤酒、玉泉山牌啤酒等，均聲稱為北平玉泉名水所製。

3 貢茶讓皇帝開心，卻苦了茶農

清代宮中，有各種茶宴，如萬壽宴、外藩茶宴、重華宮茶宴等。乾隆朝，每年春節之後三日，乾隆帝欽點擅長詩詞的王公大臣，曲宴（按：小宴）於重華宮，演劇賜茶。乾隆帝當席作詩，命諸臣唱和，歲以為常。重華宮茶宴時，喝三清茶，三清即松仁、佛手、梅花，再用龍井茶水沖泡。能參加重華宮茶宴，是朝中才子們的榮耀，席間講經史，品名茶，詩書文章，飄蕩於茶香之中。

清宮中所用茶葉，由內務府廣儲司茶庫保管，每年收取各省進貢名茶幾十種，每種各數瓶、數十瓶乃至百餘瓶不等。清宮各處用茶，每月定期定量從內務

清代乾隆所用的青花三清詩茶碗。（圖片來源：臺北故宮博物院。）

府廣儲司茶庫領取。內務府廣儲司茶庫規定，每月三、六、九為開庫日，可以領茶。茶庫管理嚴格，管理官員無論職位尊卑，不可單獨一人啟封入庫。出庫時，必須密封並標注時日。茶庫嚴格管理，因為這是皇室的飲用之物，時刻不可放鬆。

宮廷中等級森嚴，日常飲茶也可以看出身分。嬪妃們依照各自的身分，每月可從內務府領取一定數量的茶葉。如皇貴妃、貴妃、妃、嬪，每月領六安茶十四兩、天池茶八兩，貴人每月領六安茶七兩、天池茶四兩。清代宮中所用貢茶主要來自南方，如安徽、江蘇、浙江、江西、湖廣、福建、雲南等省，每年進貢數量最多的是安徽的六安茶和浙江的黃茶。

天下名山，必產靈草，江南地暖，故獨宜茶；大江以北，則稱六安。六安茶早在唐代就成為貢品，在此後歷朝歷代均受宮廷追捧。明代從六安分出霍山縣，此後的貢茶一半由霍山出產，仍冠以六安之名。由於民間追捧，民間六安茶的價格往往是貢茶的數倍，「頭芽一斤至賣白銀一兩」，成為官吏富豪們的專享。明代《金瓶梅》即有飲六安茶的記載：「月娘吩咐道，對你姐說上房揀妝裡有六安茶，燉一壺來俺們吃。」

來自江北，江浙、杭州等地的貢茶

六安茶被稱為江（長江）北第一。每年立春後，由省裡選派精幹官員，會同地方官採選進呈，以供上（宮）用。六安茶早期由茶戶自行採摘，再進貢。康熙三十年（一六九一年）後，改為由官府指定茶戶製作，再由官府收購。進貢六安茶的數量並不固定，如康熙三十七年（一六九八年），六安茶每年進貢三百袋，康熙五十九年（一七二〇年）四百袋，乾隆元年（一七三六年）時已達七百二十袋，乾隆六年（一七四一年）降為四百袋。為確保六安茶能迅速送達，六安知州可將貢茶直接送往京城，「非與別樣芽茶可比」。六安茶雖流行，有的人卻不適合。康熙年間，大臣張英年輕時極愛六安茶，到了中晚年，他卻不大喝六安茶。依照當時的養生觀念，屬綠茶的六安茶，不大適合年老體衰者。至於京城中，多見安徽商人所開茶店，其店面飾以金粉，不過其所售的六安茶，卻以茉莉花薰過，喪失了本味，是為「金粉裝修門面華，徽商競貨六安茶」。

江浙地方向來出產名茶，浙江黃茶、江蘇天池茶等，均是貢茶。「定例浙江省每年交送黃茶二十八簍，每簍八百包，由戶部移送茶庫驗收。」清代宮中每年所用的黃茶，約一百二十多筐。黃茶屬於發酵茶類，其製作過程與綠茶極為相似，但多了一道工序，就是悶黃（按：利用高溫殺青破壞酶的活性，使茶胚在溼熱作用下逐漸變黃），泡出來後，黃葉黃湯。《諸暨縣誌》載：「諸暨各地所產茗，葉質厚味重，用對奶茶最良。每年採辦入京，歲銷最盛。」

杭州的龍井茶深得乾隆帝喜愛，每到杭州，必要一嘗龍井茶，是為「我曾遊西湖，尋幽至龍井」。乾隆十六年（一七五一年），乾隆帝親臨天竺茶園觀看了採茶、炒茶過程，將所見編成《觀採茶作歌》。龍井新茶以穀雨前為最佳。為了抓緊時間，送茶入宮，地方上將開採時間提前，結果所得茶葉並不佳。沈初《西清筆記》記載，龍井新茶入宮之後，皇帝賜給臣子少許，「細佳如芒，瀹（煮）之微有香，而不能辨其味也」。龍井茶在民間很流行，《二十年目睹之怪現狀》第五十回中，月卿道：「那麼各位都不要走，我叫他們生一盆炭火來，昨天有人送給我一瓶上好的雨前龍井茶，他們釅釅的泡上一壺。我們圍爐品茗，消此長夜，豈不好麼。」眾人聽說便都一齊留下。

蘇州有山名天池，山中所產之茶名天池茶。明代王士性《廣志繹》載：「虎丘天池茶今為海內第一。」到了清代，天池茶乃是宮廷貢品，每月皇貴妃、貴妃、妃、嬪分得天池茶葉八兩，貴人分得天池茶葉四兩。

明代時，每年蘇州地方官員以虎丘茶葉饋贈高官，虎丘僧人不堪騷擾，一氣之下，將虎丘茶樹劃除殆盡。清代湯斌至江蘇任職時，嚴禁屬下以茶葉餽贈，虎丘茶方重新種植起來。虎丘茶產量不高，僅虎丘西山有數畝茶園。每歲所採不過二、三十斤，所得茶葉主要用來進貢，地方上根本沒有機會嘗到。

陽羨茶產於常州府宜興縣。在唐代，陽羨茶就已聞名天下，成為宮廷貢茶。陽羨茶湯清味濃，幽香久遠，一直受到追捧，也是歷代宮廷貢品。宋代蘇東坡詩云：「雪芽我為求陽羨，乳水君應餉惠泉。」元代詩人吳克恭詩云：「南嶽高僧開道場，陽羨貢茶傳四方。」明代周高起盛讚陽羨茶：「入湯色，柔白如白露。味甘，芳香藏味中。」到了清代，宜興每年都要進貢陽羨茶一百斤。每歲穀雨前一日，當地官員祭祀好山神，開茶園，擇取嫩茶採摘入簍，包裝後一路送入宮中。

雲南普洱茶味苦性刻解油膩，深得皇室喜愛。乾隆帝稱讚普洱茶：「獨有普洱號剛堅，清標來足誇雀舌。」普洱茶在明代還不是特別流行，到了清代，普洱茶的技術有所提升，「色澤烏潤、香氣馥郁、湯紅明亮、滋味回香」，名傳天下，成為貢品。每年普洱府思茅廳都要進貢普洱茶，將優質茶葉製成茶團，送入宮中。「每年備貢者，五斤重團茶、三斤重團茶、一斤重團茶、四兩重團茶、一兩五錢重團茶」。

武夷茶產於福建省北部的武夷山地區。武夷茶在清代備受歡迎，乾隆帝稱讚：「就中武夷品最佳，氣味清和兼骨鯁。」美食家袁枚最初不喜武夷茶，認為濃苦如飲藥。但嘗試一、兩次後，喜歡上武夷茶，「始覺龍井雖清而味薄矣，陽羨雖佳而韻遜矣」。

貢茶雖是負擔，卻能打開名氣

各地進獻的貢茶，注重包裝，容器在材質上選擇銀、錫等，在其上印出各種祈福圖紋。容器外包有黃色布套或黃緞包裹，再裝入黃色木箱之中，貼上封條，運送入京。皖（安徽）屬六安、霍山一帶所產茶葉，每歲入貢時，將貢茶盛以黃木箱，外用黃篾（按：竹片）裹之，再簽上封條起解。

清代茶貢壓力頗重，對茶農是沉重負擔。清人陳章在《採茶歌》中云：「催貢文移下官府，哪管山茶芽未吐。焙成粒粒比蓮心，誰知儂比蓮心苦。」每至採茶時節，茶農日夜在茶園中勞作，可謂是搜盡深山粟粒空。採好茶，還要烘焙茶葉，還要打點經營茶園，還要應對各種自然災害。乾隆帝也知道茶農辦理貢茶的辛苦，曾大發感嘆：「敝衣糲食真不敷，龍團鳳餅真無味。」可讓皇室停止茶貢是不可能的事。

貢茶於茶農是沉重負擔，但也有一定的正面效果，如可以打開茶葉名氣，擴大銷路。蘇州東山原先所產野茶（按：自然生產的茶樹），當地人稱「嚇煞人香」。康熙帝巡遊太湖，宋犖購此茶進貢。康熙帝認為此茶雖好，但名字不雅，改名為碧螺春。皇帝親自取名的碧螺春茶，成為每歲貢品，碧螺春茶由此躋身名茶行列，成為東山的重要經濟來源。再如普洱茶，在康熙年間成為貢茶後，很快流行於民間，也帶動地方經濟，每年入山製茶者數十萬人，各地茶商雲集，運至各地販賣。普洱茶風行各地，如《兒女英雄傳》第三十七回中寫道：「一時倒上茶來，老爺見給他倒的也是碗普洱茶。」

關外風的奶茶最對味

清宮之中，日常飯食受山東菜系與南方菜系的影響，不過清宮中的茶飲卻一直未變，保持著關外時候的風格。清人有詩云：「營盤風軟淨無沙，乳餅羊酥當啜茶。」「乳餅羊酥當啜茶」一句，也點出了滿洲人在茶飲上的習俗。在關外時，女真人喜飲馬奶、牛奶、羊奶等，茶傳入北方後，與奶結合，形成奶茶。飲奶茶，成為女真人生活的一部分。入關之後，滿洲人仍保持往昔的習慣，如招待客人時，客人坐南炕，主人先遞煙，再獻奶茶。在宮廷之中，每日裡也保持飲用奶茶的習慣。

清代宮中，奶茶是每日必備之物。在熬製奶茶時，以牛奶、奶油、浙江產黃茶、鹽及水搭配熬煮而成。熬製奶茶，必備奶油。牛奶在煮沸後，最上層會凝出一層薄薄的脂肪，經過風乾後形成奶皮。奶皮加工後，即是奶油，又名酥油。奶茶色若咖啡，飄著奶香，入口香醇，在冬季飲用可驅寒暖身，更可以緩解長期食肉導致的消化不良。清宮中的奶茶口味多種多樣，可以加入瓜子、芝麻隨飲，也可選用黑茶、紅茶等茶熬成奶茶。

《養吉齋叢錄》中載：「舊俗最尚奶茶，每日供御用乳牛及各主位應用乳牛，皆有定數，取乳交上茶房。」內務府在張家口、南苑等處設有牧場，以保證宮廷所用乳餅、奶油的供應。張家口每年交御膳房奶油即達一千四百斤、奶餅六百餘斤、奶酒兩千餘斤，「內廷各宮殿寺廟，供獻大白乳餅，由南苑奶餅圈成造」。

乾隆帝寫道：「酪漿煮牛乳，玉碗凝羊脂。」乾隆帝最喜奶茶，且搭配八珍糕飲用。傳教士蔣友仁曾看過乾隆帝飲用奶茶：「他將多種茶放在一起研碎後，經發酵配製出茶。這些茶口味極佳，其中好幾種有滋補作用。」乾隆帝自我吹噓：「國家典禮，御殿則賜茶，乳作汁，所以使人肥澤也。」

每年清明、中元、冬至、歲暮四大祭中，清宮中均要使用奶茶祭祀及賞給大臣飲用。清代每年坤寧宮賞吃肉三次，朝中的重要大臣皆得參與。如光緒朝，祭神之後，慈禧太后坐北、光緒帝坐南，諸臣魚貫而入，各一叩首，然後坐在墊上。內務府大臣捧肉獻給兩宮，再給大臣分別獻上奶茶，諸大臣一一叩首謝恩之後再飲用。經過奶茶的潤澤，不知大臣們是否能肥澤起來。

慈禧太后是有潔癖的，她所飲用的奶茶由儲秀宮單獨供應，一來距離較近，二來「張太監乾淨可靠」。慈禧太后飲茶，喜歡加入少許金銀花，其味甚香，稱作以花點茶。光緒帝每天早起後都要喝茶，雖說不喜奢華，對於茶湯、茶味等，他還是比較講究的。每喝完茶後，光緒帝聞少許鼻煙，然後再前往慈禧太后寢宮請安。

光緒帝尤喜普洱茶，光緒二十八年（一九〇二年）時，每日用普洱茶一兩五錢，一個月用茶兩斤十三兩。光緒帝喜歡普洱，在一些時候，還要用奶茶待客。如光緒十一年（一八八五年）正月初四，光緒帝在紫光閣設宴，款待外藩蒙古王公台吉及朝鮮使臣。內務府早將宴席備妥，侍衛數人進奶酒、奶茶、黃白燒酒。

清帝遜位後，張家口一帶仍然給清宮供應乳製品，只是茶需要自己採購了。《晚清宮廷見聞》記載：「溥儀和太妃們飲用的茶葉特別講究，味香汁濃而色淡，是吳肇祥茶店專門為宮裡薰製的，記得大約是四十兩銀子一斤。」

4

餑餑不只是食物，它承襲了各式傳統、習俗

《鹿鼎記》第一回中，韋小寶初入宮時，與宮中太監賭博結束後，四處亂逛。他穿過一處月洞門，見左側有間屋子，門虛掩，經過門口，突然一陣食物香氣透了出來，他不由得垂涎欲滴，輕輕推門，探頭張望。只見桌上放著十來碟點心糕餅，眼見屋內無人，便躡手躡腳的走了進去，拿起一塊千層糕，放入口中，只嚼得幾嚼，不由得暗暗叫好。這千層糕是一層麵粉夾一層蜜糖豬油，更有桂花香氣，既鬆軟且甜。他吃了一塊千層糕，沒聽見有人走近，又去取了一顆小燒賣放入口中。吃了一顆燒賣後，又吃了一塊豌豆黃，將碟中糕點略加撥動，不露偷食之跡。他正吃得興起，忽聽得門外靴聲橐橐，有人走近，他忙拿了一個肉末燒餅，便即鑽入桌底。

第五回中，太后拿到《四十二章經》後很開心，對身邊一個小宮女說：「蕊初，妳帶小桂子到後邊屋裡，拿些蜜餞果子，賞給他吃。」韋小寶跟著蕊初走進內堂，來到一

間小小廂房。蕊初打開一具紗櫥，櫥中放著幾十種糕餅糖果，笑道：「你叫小桂子，先吃些桂花松子糖吧。」說著取出一盒松子糖來，松子香和桂花香混在一起，聞著極是受用。韋小寶道：「姊姊愛吃什麼，我都愛吃。」蕊初聽他嘴甜，十分歡喜，當下揀了十幾種蜜餞果子、糖果糕餅，裝在一只紙盒裡。此兩處描寫中有大量的甜點，確實符合清宮的實際情況。

清代皇帝及皇室成員每日早、晚隨膳用的各類餷子（按：以玉米等雜糧為原料製成的麵條）、拉拉、花糕等麵食，均由餑餑房承辦。這些具有滿人特色的麵食，統稱為餑餑，多以黃米、白小豆、麥子等多種雜糧作為原料。

餑餑並非滿人獨創，而是往來中傳來的

餑餑是滿人的傳統食品，入關之後一直保留著。《醒園錄》中記載，滿洲餑餑以白麵、豬油、滾水拌勻作外皮，包以用麵粉、豬油調拌製成內餡，再揉勻分成小塊，用以包餡，製成餑餑，再入爐烘熟。餑餑一詞，由來已久。如唐代盧仝詩云：「添丁郎小小，脯脯不得吃。」脯脯，即是後世所云的餑餑。

清代翟灝的《通俗編》中認為，「饆饠，今北人呼為餑餑，南人謂之磨磨」。並認為北方人所稱的餑餑，當為饆饠二字反切（按：以兩個字為一個字注音）。唐代時，麵製品饆饠已很發達。唐代《酉陽雜俎》中記載「韓約能做櫻桃饆饠」，韋巨源《燒尾宴食單》中有天花饆饠，《嶺表異錄》中記錄有蟹饆饠。唐代釋慧琳《一切經音義》中認為，饆饠也就是餢飳，「以油酥煮之，案此油餅，本是胡食，中國效之，微有改變」。饆饠是包餡的麵食製品，後世的饃饃、餑餑有帶餡的，也有不帶餡的。

一些觀點認為，滿人在關外時，受到蒙古人的影響，發明了餑餑這種食物。實際上，餑餑及其發音，並非滿人獨創。在明代，民間就已有製作與食用餑餑的記載。如明代臧懋循《元曲選》劇中，就有吃餑餑的描寫：「小人做事特多磨，偏生遇著張千歹哥哥，兩次草錢都不與，剛剛吃得一個大餑餑。」徐渭《四聲猿．雌木蘭替父從軍》中也有餑餑：「才叫小環買得幾個熱餑餑，你拿著路上也好嚼一嚼。有些針線，也安放在你褡褳（按：一種裝錢物的口袋）裡了。」

餑餑應是在關內外的頻繁交往之中，從關內傳入關外，受到滿人喜愛。滿人以麵為主食，以麥子、玉米、高粱、粟等作為主要食材。清代的滿人將饅頭、包子、黃米團等麵食，統稱為餑餑。《（光緒）吉林通志》中記錄了很多餑餑，如米團餑餑、搓條餑餑、豆麵剪子股餑餑、打糕肉夾搓條餑餑、炸餃子餑餑、打糕餑餑、撒糕餑餑、豆麵餑餑、豆粟糕餑餑、蜂糕餑餑、葉子餑餑、水團子餑餑、魚兒餑餑等。

饊子（按：一種麵食）以東北特產黏高粱為原料，將黏高粱和麵，搓拉成細條，用蒸籠蒸或水煮熟，入口有韌性。打糕，用黏高粱米、大小黃米、江米（糯米）為原料，做法是把米用蒸籠蒸成飯，取出和以清水，放在木板上用木榔頭反覆捶打成溼麵狀，再製成糕餅。吃時，將熟黃豆粉撒在糕上，也可以蘸蜂蜜和糖食用。

五花八門的餑餑

此外還有玻璃葉餑餑，用黏米麵和成麵團，製成皮，包裹小豆餡，再用玻璃葉（椴樹葉）裹上，上籠蒸熟。蘇葉餑餑的做法與玻璃葉餑餑相同，蘇葉也即紫蘇，有種獨特的芬芳口感。蘇葉餑餑是祭祀時必備，食用時，可拌豬油或加白糖，香甜可口。

蘇葉餑餑，又稱黏耗子。說以前有個滿人子弟，當了一陣子兵後，變得好吃懶做，返鄉之後，吃不慣家鄉的飯菜，說渾身沒力氣，也不肯下地幹活。媳婦（此指妻子）悶悶不樂，只好自己去田裡。在田地裡，看到紫蘇葉長到很大，順手摘了片一嗅，清香撲鼻。媳婦靈機一動，摘了些紫蘇葉子，回家之後用小豆為餡，用麵皮包好，外用蘇葉一裹，然後蒸熟。蘇葉餑餑蒸好後，外形如同老鼠，媳婦就取名為黏耗子。丈夫嗅到蘇葉香味，狼吞虎嚥的吃了起來，吃飽之後，就被媳婦趕出去幹活了。

入關之後，清室掌握天下，盡享世間榮華，在飲食上雖然有諸多改變，但對餑餑的熱愛絲毫不曾撼動，每日的御膳單上必見餑餑。清宮御膳房中，設有餑餑房，製作各種餅餌，有松餅五色番餡餅、五色梅花酥、五色小印子霜、五色玉露霜、蜂蜜印、雞蛋印、子紅餡、點子紅白饊子、芝麻酥等。乾隆年間，英國使團來華後，品嘗到了宮中的糕點後，發出感慨：「中國人製作的甜食與糕點比世界上任何人都遠為出色。」

打賞也少不了它

《養吉齋叢錄》中記錄，宮中進膳，事先均列有膳單。每次用膳結束後，都要指出某食物賜給某處某人。總管內務府大臣、軍機處大臣、南書房入值大臣，因為在皇帝的身邊，不時會有食物賞賜。每日皇帝召見外省文職臬司以上、武職總兵以上官員時，慣例是賜餑餑兩盤，稱為克什。克什也作克食，在滿語中，就是賞賜之意。皇帝的御膳之中，照例都是要有克什（餑餑）兩桌，以備打賞。

皇室賜給臣子的餅餌，被稱為克食。對於臣子而言，得到皇帝賞賜食物，卻不是件輕鬆的差事。皇帝所賜下的克食，要當天吃完，且賜食之時，還得被太監勒索。面對一桌子的各色糕點，胃口再好的人也會頭大。長洲沈德潛曾被賜克食，吃了後導致腹疾，此後再看到克食即叫苦不迭。大臣鄂昌曾作詩發牢騷：「寧甘家食供藜藿，不向天廚餍飫饜飫。」至於招待外國貢使，蒙古親王等重要人物的場合，也會使用餑餑。如光緒十四年（一八八八年），廓爾喀貢使抵京，內務府循例傳備宴席，會同理藩院等處人員於二月十七日，在四譯館內宴賞廓爾喀額爾德尼王所遣正副貢使。宴席上，除了奶酒、肉類之外，也少不了餑餑。

雍正七年（一七二九年），陳廷選在圓明園被雍正帝召見完畢，又被賞賜克食餑餑，陳廷選得意揚揚的寫詩云：「攜得餘饈遙遺母，一枝堪羨出皇家」。乾隆年間，乾隆帝巡遊五台山，地方官員方應清被接見，也被賞賜克食餑餑。方應清作〈恭謝賜克食〉詩云：「侍宴行宮宮畔回，天廚克食又頒來。珍傳碧餑疑包玉，慶洽元宵更嚼梅。」乾隆年間，福康安、和琳帶兵打仗，立下功勞，乾隆帝賜給各種獎賞。又發去餑餑二匣、奶餅九匣，交福康安、和琳，分賞賣力帶兵打仗的前方將領，一起分享。

每年的新科進士們是王朝未來的棟梁，是天子的門生。在殿試之時，對於這些未來的人才，皇帝照例也有賞賜。如光緒十八年（一八九二年）二月二十四日，四百八十名新進驕子，在五鼓時分（按：凌晨三點至五點），進入內廷，進行殿試。此日由御膳房製備細餡餑餑，每人分得十枚，軍機處派役於殿外預備茶水，以備文戰之餘消渴。發給的十枚餑餑，如果吃不完的，可以帶出宮去。

在特殊的時候，一般的官兵，也有機會得到宮中的賞賜。嘉慶十八年（一八一三年）九月十五日，天理教教徒在宮內太監接應下，從東西分別攻入紫禁城。事發之後，清廷抽調大批官兵入紫禁城捕殺天理教教徒。由於事起倉促，內務府只能緊急製作了一批餑餑，供給入宮的官兵充饑。但入宮的官兵人數太多，內務府無法全部供應，就由莊親王綿課出錢到宮外街市上購買了各種食物，從門縫中送入，供火器營士兵充飢。平息事變之後，嘉慶特意請所有的官兵大吃了一頓，作為犒勞。

餑餑除了宮廷之中的日常食用、宴席招待、祭祀供奉外，在各個時段，都被用來作為賞賜，反正物美價廉。民間也以能得到宮廷製作的餑餑為榮。《紅樓夢》第四十二回中，對宮廷賞賜的餑餑也有所描寫。鳳姐讓劉姥姥帶些東西回去，讓街坊鄰舍看著也熱鬧些。劉姥姥忙跟了平兒到那邊屋裡，只見堆著半炕東西。平兒一一的拿了給她瞧著，其中就有餑餑。平兒道：「這是一盒子各樣內造小餑餑兒，也有妳吃過的，也有沒吃過的，拿去擺碟子請人，比買的強些。」此處的內造，指的是宮廷中所製。

《（光緒）吉林通志》中記載，滿人最重祭祀典禮，祭祀時定要用餑餑。至春秋祭祀前一日，以黍米（俗名黃米），煮熟搗作餅，稱打糕。在祭祀完畢之後，族人一起食用。以族人為察瑪（薩滿），戴神帽，繫裙搖鈴，持鼓跳舞，口誦吉詞，眾人擊鼓相和，稱跳家神。到了十二月二十三日夜，要祭祀灶神，以餳糕（按：以麵粉、白糖、紅糖為材料製成的一種小吃）作為祭品，並要放鞭炮，稱為過小年，前後數日。宮廷祭祀中，依照月分不同，使用不同的餑餑。如正月貢獻饊子，五月貢獻玻璃葉餑餑，六月貢獻蘇葉餑餑，七月貢獻新黍蒸淋漿糕，八月以新稷蒸飯，用木榔頭打熟，作為餃子炸油貢獻。其他月俱貢獻撒糕。除淋漿糕、搓條餑餑外，各種祭品，全用稷米製成。

大內（紫禁城）之外，王府的祭品也如同宮內一般。普通的滿洲人家，有貢獻豆麵餑餑的，也有貢獻稷米蒸飯的，還有用新麥煮飯貢獻的。在江南各省駐防的滿洲人等，因其地不產稷米，即以當地所產的稻米代替。

民間的餑餑鋪

滿人每逢重大活動，都要食用餑餑，在桌子上用銅盤放各式餑餑，多時一次活動能用到上千塊餑餑，這也帶動了京城的餑餑業。中國文史學者王世襄回憶，過去北京的老餑餑鋪，老字號多以齋名，金匾大字，鋪面裝修極為考究，如果不是牌樓高聳，就是屋頂三面曲尺欄杆，下有鏤刻精細的掛簷板（按：以板做成的屋簷），用卷草、番蓮、螭龍、花鳥等作紋飾，懸掛著大小八件、百果花糕、中秋月餅、八寶南糖等招幌（招牌）。從金碧輝煌、細雕巧琢的鋪面，使人聯想店內的糕點一定是精心製作，味佳色美。老餑餑鋪還有一個特點，因店內不設貨品櫃、玻璃櫥，因而連一塊點心也看不到。

市面上的餑餑，面對的是普通百姓，價格總有起伏。光緒十四年（一八八八年），京城內各餑餑鋪，聯合在正陽門外唱戲，同時商議同業漲價。道光年間，大八樣糖糕等餑餑，每斤制錢一百二十文，每個三十文；中餑餑每個制錢八文；細巧餑餑每斤自一百四五六十至二百文不等。此後多年未曾漲價，而油麵糧食卻在漲價，此次眾商家定好，自二月初十起各鋪一律漲價。如果有不遵約定私自減價者，一經查出，罰唱戲一日。

民國二十三年（一九三四年）年時，據說是前清御膳房的廚師，在北海公園旁開張了一家仿膳食堂。招牌菜點中，有一款餑餑，自稱是特供給皇帝，「式樣玲瓏，口味清美，甜蜜蜜的入口即化，連咀嚼都不必，只需辨味」。當時輿論憤憤然，認為這供奉皇帝的食物，勞動階級是絕不吃的。其實此種糕點，也是商家的花頭（按：狡猾或新奇、變化多端的計策和主意），連咀嚼都不必的餑餑，餑餑房是斷然不會做出來的。

5 算算宮廷伙食費，一餐多少錢

入關之後，清室還面臨諸多戰事，宮中一切經費開銷，力求從簡。順治七年（一六五〇年）規定，內庫錢糧，全部由戶部管理，內廷所用物品如皮類、絲綢、茶葉、紙張等，也由戶部管理。

康熙帝重設內務府之後，內務府的開銷主要依賴戶部撥款。康熙帝收復臺灣，平定三藩後，社會局勢穩定，經濟蒸蒸日上，內務府也開始獲得各種收入。除了戶部撥款外，藉由皇莊、貂皮、人參等，內務府也可獲得收入。此外，內務府還從事房屋租賃、開設當鋪等商業活動，獲得收入。總體而言，乾隆朝之前，內務府經費經常入不敷出，「時檄取戶部庫銀以為接濟」。

乾隆一朝，內務府的財政狀況改善，一方面是原有的皇莊、當鋪收入激增；另一方面則是兩淮鹽課、粵海關收入的保障。御膳房的開銷，最初由光祿寺向戶部領取，存在光祿寺庫中。隨著皇室經費的充沛，乾隆朝時，御膳房開始從內務府廣儲司領錢。內務府經費如有不足，再由戶部直接撥款。

在內務府所轄機構中，皇莊承擔著供給宮中所需各種物資的使命，其中就包括了大量的食材。在大清入關之前的一系列戰事中，已搶掠了大量漢人，編為包衣，在關外從事耕種放牧等活計（按：過去專指手藝或縫紉、刺繡等，現在泛指各種體力勞動）。入關之後，清皇室也占有大量土地，設置糧莊，這些包衣也被帶到各地官莊上勞作，稱為「盛京隨來陳壯丁」。順治初年，京畿一帶有大量人口投充（按：強迫漢族農民投身旗人名下從事生產）皇莊，也被編入其中，稱為「投充壯丁」。此後清廷陸續在長城口外、山海關外錦州地區設置了一批糧莊。

清代的皇莊，散布在畿輔地區（按：京城附近的地區）與東北地區。東北地區皇莊，主要有盛京內務府所屬盛京皇莊、錦州糧莊衙門所屬錦州皇莊、打牲烏拉衙門所屬吉林皇莊等。據《皇朝通考》，順治元年（一六四四年），設近畿官莊一百三十二所，「不立莊者仍其戶計二百八十五戶，分隸內務府鑲黃、正黃、正白三旗」。

盛京內務府的作用

乾隆十七年（一七五二年）正月，設盛京總管內務府大臣。之所以設置盛京內務府，主要是盛京包衣三旗佐領各官，各自為政，無統一管領，遇事則互相推諉。盛京內務府設立後，由盛京將軍兼任總管大臣。盛京將軍兼任盛京內務府總管大臣，提高了盛京內務府的地位，也利於內部事務的處理及與京城內務府的溝通。

盛京內務府下的主要機構有會計司、掌禮司、都虞司、營造司等。會計司執掌莊園地畝、戶口、徭役，負責每年徵糧、家禽、蔬菜等，年終時核銷出納總數；掌儀司負責管理皇莊果園，查核具題每年徵賦。每年皇莊的收支情況，盛京內務府要詳細造冊，送呈京城內務府。稍有遲延，總管內務府就要行文催問，如果帳目中有錯，則要受懲處。

盛京內務府下轄的皇莊，大致可分為糧莊、豆秸（按：豆類作物脫粒後的莖）莊、鹽莊、棉莊、稻莊、菜園、瓜園、果園、靛（藍草）莊，又有蜜戶、葦戶、野鴨戶、狐戶、水獺戶、雀戶等。盛京內務府下屬的糧莊，每年進貢穀子、紅粱、黍、麥、糜、稗、玉蜀黍、稻、大豆等糧食。清室保留了很多在關外時的習慣，如喜歡甜食，喜蜜製食品。為了供應宮廷日常所需蜂蜜，盛京皇莊承擔了採集蜂蜜的任務。盛京皇莊每年還要繳納蘑菇、木耳、蕨菜等，野菜，豬、鴨、鵝等家禽也要定期繳納。

蘑菇、木耳、蕨菜三種野菜，主要供奉先殿祭祀之用及宮中食用。當皇莊無暇派人丁入山採野菜時，就出資從他處購買。雍正三年（一七五二年）時曾有規定，各莊每年應交一隻鵝，送往京城。這途中運鵝的費用，已超過鵝本身的價值。皇莊還要承擔各種雜役，如為皇帝盛京行宮採木等。康熙帝巡視盛京時，沿途就曾下榻在皇莊，途中的食物也由皇莊供應。皇莊提供了宮中各種生活必需品，降低了內務府的各項開銷。如內務府廣儲司每年收盛京皇莊糧兩萬兩千四百二十七石，本色棉花一萬兩千斤，本色靛一千九百五十斤。皇莊還要交納各種食物，如雞、鴨、鵝、豬、麻、掃帚、燈油等，滿足皇室日常需求。

膳房也有分等級

清宮之中，每個主子都有自己的小廚房，如壽膳房、御膳房、壽茶房、御茶房、主位飯房、主位茶房、阿哥飯房、阿哥茶房。皇太后的膳房稱壽膳房，壽膳房分五處，分別在慈寧宮、壽康宮、壽安宮、寧壽宮、景福宮，為清代歷任皇太后的壽膳房。皇帝膳房稱為御膳房，分為兩處：一處在養心殿，稱為養心殿御膳房；一處在重華宮。清帝寢宮在養心殿，皇后的寢宮依照規矩，應在養心殿後的體順堂，故而養心殿的御膳房，為帝后共同使用的廚房。光緒帝不喜隆裕，帝后分開吃飯居住，隆裕移居鍾粹宮，另設皇后御膳房。此處的御膳房乃是慈安皇太后壽膳房的原址。

次於御膳房者，為主位膳房，此類膳房分兩個級別。凡是先朝守寡的太妃、太嬪的廚房，稱「主位廚房」，如永和宮廚房，為宣統朝瑾皇貴妃的主位膳房。重華宮膳房為皇太后的主位膳房。其次為「主位飯房」，乃妃嬪貴人等的廚房。如景仁宮飯房為光緒帝珍妃的飯房，長春宮飯房為宣統帝淑妃飯房。其他各阿哥飯房、格格飯房，散在各處。清代皇室成員，雖然同在紫禁城內居住，但不一起吃飯，母子妻妾也各有各自的宮份（工資）及飲食物品的固定配額。

來看看花了多少伙食費

清代以總管內務府大臣兩人總領御膳房。御膳房每歲經費主要花在雞、鴨、豬、魚、蔬菜、薑蒜等物上。至於牛羊，則從慶豐司取用。御膳房是個大肥差，一有機會，內務府就要往御膳房安插人手。如乾隆八年（一七四三年），內務府「增置承辦薑蒜領催、內副催總兩人」。小小薑蒜也要設置專門崗位，安排人員辦理，這也是盛世年間，皇家的富貴氣派了。

現存有宣統二年（一九一〇年）七月清宮御膳房一月的伙食經費。此月從七月初一起，到三十日止，以三十日計，從中可以一睹清宮在膳食上的開銷狀況。宣統此時雖然是個小屁孩，但一切供應都照規矩來。宣統每天御膳用菜肉二十二斤、湯肉五斤、豬油一斤、肥雞兩隻、肥鴨三隻、菜雞三隻，每月三十天，則此月宣統的供應有：菜肉六百六十斤、湯肉一百五十斤、豬油三十斤、肥雞六十隻、肥鴨九十隻、菜雞九十隻。

皇太后隆裕的此月供應為：盤肉一千五百斤、菜肉三百六十斤、肥雞鴨各六十隻。瑾貴妃的供應為：盤肉一百七十四斤、菜肉一百零一斤八兩、菜雞菜鴨各七隻。瑾貴妃乃是珍妃的姐姐，光緒帝的妃子。

永和宮瑜皇貴妃分例盤肉每日八斤、菜肉四斤、菜雞共十五隻、菜鴨共十四隻。珣皇貴妃分例是盤肉每日八斤、菜肉四斤、菜雞十五隻、菜鴨十四隻。瑨皇貴妃分例是盤肉每日六斤、菜肉三斤八兩、菜雞鴨各七隻。珣皇貴妃、瑜皇貴妃、瑨貴妃三人，都是去世多年的同治皇帝遺下的妃子。

清宮中，每日早晚內外膳房所添的菜，所列的菜餚品種大同小異，並沒有太多的變化。每日的供應中，肉是大宗，其他還有玉蘭片、白糖糕、鴿蛋、螃蟹、鮮魚、火腿、薏仁米粥等，並沒有特別的花樣。帝王家不比富貴之家，無法選擇不同館子換換口味。宣統二年（一九一〇年）二月，此月御膳房的各項採購開銷，加上其他各種雜項開銷，總計一萬八千八百七十八兩四錢三分。以此類推，清宮一年御膳房的開銷，約在二十餘萬兩。

宮廷採購的食材價格中有起伏，但並不是想像中的那麼大。宮廷開銷大，一則是宮廷之中排場大，如宣統二年（一九一〇年）九月，隆裕太后、皇帝、瑜皇貴妃、珣皇貴妃、瑨貴妃、瑾貴妃六人，共用去兩千九百六十斤肉、三百八十八隻雞鴨，可謂極其浪費了；二則宮中每日吃飯的人多。每日軍機大臣分例是，盤肉四百三十五斤、菜肉五十四斤八兩、湯餡肉八十七斤；軍機章京分例盤肉五百二十二斤、菜肉五百二十二斤；御前大臣乾清門侍衛批本奏事官一百零七員，每人每日菜肉十兩；上書房師傅盤肉，計二十九桌，每日八十七斤，菜肉七十二斤八兩；懋勤殿，盤肉每日八十七斤、菜肉七十二斤八兩。此外還有各個級別的太監、敬事房寫字人、勾字匠、如意館館員、匠人、薩滿等每日的伙食開銷。

據說，光緒帝告訴師傅翁同龢：「每日吃雞蛋四枚，價值三十四兩。」翁同龢顧左右而言他，不敢接話。其他各種涉及乾隆、嘉慶、道光的，每個雞蛋十兩銀子的故事也頗多。其實，這種事情並不存在。清宮之中，每年耗費雞蛋幾十萬顆，如果每顆十兩，皇帝早就破產了。清宮中採購的價格，基本上與市場價格相差無幾，可能會略高，但不會太離譜。

民國十三年（一九二四年），溥儀被驅逐出宮。民國二十年（一九三一年），對故宮中所存物品進行清點，發現故宮御膳房中尚存諸多珍饈美味，如蘇造醬、銀耳、青醬肉、花雕酒等。有的歷史長達百年，北京各大飯莊聞訊後無不激動，擬聯合呈請，將這批食菜公開拍賣。

後記 將性格、口味與時代串連一起，成了美食

前幾年，因為出版的關係，認識了老段。老段是資深出版人，在選題上有很多自己的想法。去年開始，老段與我多次溝通，探討選題，其中老段提出的一個選題「朕的舌尖」，吸引了我。

美食類文化產品在當下中國有著極大的市場，可與日本的相關產品相比，中國仍然落後太多，缺乏好的文本是其中一個重要因素。「朕的舌尖」以介紹歷史中的宮廷美食為主，而宮廷美食是中國傳統社會飲食的集大成者，既是美食，也是歷史，最終我接受了老段的邀請，開始寫作。

我準備先從清代寫起，再倒溯到明代、宋代、唐代等。年代越往前，寫作難度相對也越大。雖然宮廷美食琳琅滿目，但有系統檔案保留下來的，只有清代。其他各朝各代，宮廷美食的紀錄散布在各種文獻、筆記之中，需要大量的時間去加以整合。

寫作這本書的過程是愉快的，翻看各種典籍給了我很多感悟。宮廷的每一種食物背後都有不為人知的故事，如一根小小的鹿尾，就經歷了諸多演變，最後成為宮廷餐桌上的必備，成為群臣的追捧，列入八珍之中。再如滿漢全席，它組合了滿菜的燒烤、漢菜的炒菜，但宮廷之中卻無滿漢全席，它的風行，是民間對宮廷菜系的想像，又基於傳到外界的宮廷美食加以創造，最終形成。

寫作本書也有一些比較困難的方面。就史料而言，今天的第一歷史檔案館，保存諸多清代御膳檔案，但這些檔案只是枯燥的紀錄，皇帝某日吃了哪些菜餚，並不能反映其背後的故事。本書以御膳為主，同時又在此基礎上擴展，講述皇帝的性格、口味，將美食與人物、時代聯繫在一起，希望能為讀者朋友們呈現生動的清代宮廷美食史。

一九八〇年代至今，清代宮廷美食研究已取得一定成果，但基本上是集中於食物，並未融入歷史。本書將歷史與美食相融合，也是小小突破。限於水準，書中難免有不足之處，還請讀者朋友們多提寶貴意見。也希望此後寫作明代的宮廷美食、宋代的宮廷美食時，能有更多的突破，展現更多精彩的美食與歷史給大家。

附錄

朕的特色菜單

先祖們

一種以最原始的發酵法釀造的酒，透過將嚼過的米，吐入容器中利用口水發酵來釀酒。且嚼米者必須為女性。

・商周肅慎
- 無牛羊
- 多畜豬
- 種植五穀

・戰國挹婁

・北魏勿吉

・隋唐靺鞨
- 豆漿
- 粟麥稷
- 口嚼酒

・遼代女真人
- 重祭祀
- 家禽
- 野味
- 甜食
- 蜂蜜
- 蜜製麵點
- 蜜製茶食
- 蜜製肉

・金朝女真
- 半生米飯

- 狗血
- 酸蒜
- 糜子酒
- 稗子飯
- 鹽漬薺韭
- 鹽漬長瓜
- 家畜肉
- 鹿肉
- 野雉肉
- 全羊宴
- 蜜汁油炸麵糰

努爾哈赤

．朕的日常菜品

黃金肉
炸肝
血腸
水煮肉塊
燉豬肉
燉羊肉
燉牛肉
燉鹿肉
火鍋
生菜蘸醬

⊙ **簡單版做法**
洗淨切成大塊，放入水中煮熟後，以大碗裝盛，用小刀割食。

．朕的主食

稗子米飯
糯米飯
蒸蕎麥麵
玉米餑餑

．朕的飲料

燒酒
蘆酒

朕的美食傳說

努爾哈赤被明軍包圍，全軍的糧草斷絕。努爾哈赤命下屬，用菜葉包野果野菜充飢，最終熬了過去。此後在滿人中，留下了用菜包餡吃的習俗。

⊙水煮肉塊複雜版

做法

將豬肉、雞肉切成小塊後，在油鍋中煸炒一番，再用文火燉爛。

・朕的行軍食單

山野菜蘸大醬
黃瓜醬
炒榛子醬
炒胡蘿蔔醬
炒豌豆醬

朕重推薦

黃金肉

外脆裡嫩、色澤金黃、油光閃閃，讓人一見生津。

⊙做法

選用鮮嫩豬肉，切成柳葉片，另用鹽、雞蛋、太白粉攪拌後，將肉片沾蛋粉糊。將鍋中油燒到四、五分熟，待肉片炸至表面發脆時撈出。再起一鍋油，將肉片倒入鍋中，滑油至五分熟時取出，將蔥、薑，香菜撒在肉片上，加酒、醋等調味料，即可出鍋。

康熙

◎簡約
◎好賞賜美食
◎常親自動手製作菜餚

朕的美食物語

飲食簡單，每食僅一味，食雞則雞，食羊則羊，不食兼味，餘以賞人。

・朕征戰葛爾丹

茭白筍
白水煮羊肉
黃河石花魚
鹿尾
鹿舌
鱖魚
鯽魚
赭魯魚
野雉
寧夏麵食
神木白麵

・避暑山莊野味

烤鹿肝
烤鹿肉
烤狍子

整理乾淨後，切成大份，用鹽、菊花醃漬一會，然後用鐵叉將鹿肝掛在柴火中烤熟。

・朕的南巡食材

鰣魚
冬筍
火腿
腐乳
滷蛋
糟鵝蛋
滷菜

朕的美食傳說

民間傳說，康熙路過涇川的時候，地方官獻上民間蒸製的罐罐蒸饃，康熙帝品嘗了之後贊曰：「天下扶麥之麥在涇川矣！」將其定為貢品，歲歲朝貢。因其形狀如上大下小的鐔罐，所以被當地人稱為罐罐蒸饃。

・東巡菜單

醃白菜
滿洲小芥菜
開心小酸菜
不開心小酸菜
大醬瓜子
清醬瓜子
豬油炒蔬菜
木耳
蕨菜
蜂蜜
醃白菜
醬黃瓜
醬韭菜
醬茄子
醃韭菜
滷蝦等
罐罐蒸饃

・朕的賞賜

冷肉金字塔
肉凍蔬菜冷盤
煮牛肉鹿肉
烤鵝
乳豬
肥羊肉
馬奶酒
各種果仁
糖漬水果
燒鵝
八寶豆腐羹
燒炙雞鴨
人參
長生豆腐
御膳野雞羹
鹿尾
熊蹯
糟雉

朕重推薦

哈密甜瓜乾

水似桃乾蜜水，味甘如飴。

⊙ **做法**

先用涼水或熱水洗淨，後用熱水泡片時，不拘冷熱，皆可食得。

朕的美食物語

漢人一日三餐，夜又飲酒，朕一日兩餐，當年出師塞外，日食一餐。

御製鹿尾乾
糟雞
糟鹿尾
糟鹿舌
鹿肉乾
鰣鰉魚乾
野雞乾
各種水果

・朕的飲料

紹興黃酒
法國葡萄酒
壽綿

朕重推薦

黃河石花魚
其味鮮美，書中不能盡。

乾隆

◎注重養生　◎愛吃豆腐

◎愛吃鴨子　◎不喜歡吃海鮮、魚類

朕的美食傳說

微服出遊，到無錫某小店吃到了用蝦仁、雞絲、雞湯熬成的湯汁，澆在鍋巴上，發出吱吱聲。乾隆盛讚此菜，認為是「天下第一菜」。

・朕的鴨子食單

燕窩黃燜鴨燉麵筋
燕窩紅白鴨燉豆腐
燕窩秋梨鴨子熱鍋
糯米鴨子
鴨子火燻餡煎黏團
鑲鴨子
鴨羹
清蒸鴨子糊
鴨腰蘇膾
燕窩燴肥鴨子
燕窩燴糟鴨子
八寶鴨子

鴨羹熱窩
燕窩秋梨燴糟鴨子
清蒸鴨子燒狍肉
燕窩芙蓉鴨子
燕窩蓮子鍋燒鴨子
燕窩掛爐鴨子
蘋果山藥酒燉鴨子
托湯鴨子
紅白鴨子大菜湯膳
鴨子鴨腰湯
掛爐鴨
清蒸鴨子鹿尾攢盤

清宮菜餚裡的芙蓉鴨子、芙蓉雞片之類中的芙蓉，其實是蛋白，因為北京忌諱說蛋，故而用了這個雅名。

素食以素菜、豆腐、麵食為主，品種多，製作精美，口味極好。乾隆帝每到特定的節日，都要食素。如每年四月初八日佛誕日，此日乾隆帝必食素。

・朕的豆腐食單

肉燉豆腐
鍋塌豆腐
燴三鮮豆腐
鍋燒鴨燴什錦豆腐
雞湯豆腐
滷蝦油豆腐
豆瓣燉豆腐
蘑菇燉人參豆腐
王瓜拌豆腐
廂子豆腐

・朕的素食宴

素雜燴
素筍絲
台蘑爆醃白菜
炒麵筋
豆瓣燉豆腐
水筍絲
野意油炸果紅糕
竹節卷小饅首
奶子飯
素麵
果子粥
口蘑燉白菜
蘑菇燉人參豆腐
蘑菇燴油炸果
羅漢麵筋
王瓜拌豆腐
油炸果火燒
素包子
小米麵窩窩頭
象棋眼小饅頭
奶子
佛誕節素食
緣豆
廂子豆腐
口蘑燉麵筋

緣豆是浴佛節時食用並賞人的鹽豆，以廣結善緣。

紅燒肚檔這道菜名比較別致，其實是用青魚的中段紅燒而成。

口蘑軟筋白菜
糖醋山藥
奶子膳
匙子餑餑紅糕
油炸果油炸糕
螺螄包子豆爾饅頭

·江菜風情菜

燕窩黃燜鴨燉麵筋
燕窩紅白鴨燉豆腐
冬筍大炒雞燉麵筋
燕窩秋梨鴨子熱鍋
蔥椒羊肉
肥雞火燻白菜
核桃雞丁
紅燒肚檔
清炒蝦仁
豆絲鍋燒雞
春筍炒肉

糯米鴨子
萬年青燉肉
燕窩雞絲
春筍糟雞
鴨子火燻餡煎黏團
菠菜雞絲豆腐湯
肥雞徽州豆腐
燕筍糟肉
果子糕
鑲鴨子
醃菜花炒麵筋
燕筍火燻白菜
徽州豆腐
果子糕
鑲鴨子
攢盤肉
燕筍燉棋盤肉
蒲菜炒肉絲
春筍爆炒雞

乾隆歷次南巡，沿途品嘗的各種美食，食材都是民間常用，並非後人所想像的那麼奢華。日常所用蔬菜有蒲菜、春筍、燕筍、菜花頭、荸薺、水蘿蔔、菠菜、山野菜，肉類主要是火腿、雞、鴨，豆製品有水豆腐、豆腐乾、油麵筋，其他還有糟鵝蛋、梅乾菜、醃菜、糖醋蒜等。菜餚的製作也很普通。

朕重推薦

清蒸鴨子鹿尾攢盤

鴨子與鹿尾同蒸，鹿尾可增加鮮味，鴨子則可以增加肥汁，互相兼容，味道更美。

⊙**做法**

鴨子、鹿尾清洗乾淨，一起放在蒸籠內，配上蔥、薑、酒、花椒等配料，蒸上一個小時，至鴨肉、鹿尾爛熟即可，取出裝在攢盤內上桌。

蘇造雞肘子
白麵絲糕黃米麵糕
象眼棋餅小饅頭
鴨羹
清蒸鴨子糊
雞肉丸子
蓮子櫻桃肉
鴨腰蘇膾
燕窩燴肥鴨子
燕窩火燻鴨絲
雞冠肉燉雞軟筋
攤雞蛋
燕窩燴糟鴨子
鹿筋酒燉羊肉
爆肚子
燕窩拌雞
青韭鮮蝦
拌老虎菜
冬筍炒雞

豆豉炒豆腐
雞絲肉絲煸白菜
燕窩肥雞絲
糖醋櫻桃肉
肉片炒春筍
燕筍爆炒雞
蒲菜炒肉
蘑菇炒肉
青韭炒鮮蝦
小蝦米炒韭菜
水晶肘子
糯米鴨子
八寶鴨子
餛飩
蘇造糕
蘇造醬
蘇造蹄膀
蘇造肉

朕重推薦

八珍糕

不寒不熱，補中益氣，健脾養胃。

⊙**做法**

以人參為主，輔以茯苓、蓮子、薏苡仁、山藥等八種藥物加糖製成，屬於健脾型療效食品。

道光

◎掘門
◎喜食家常菜

・朕日常簡餐三例

〈壹〉
早膳
燕窩紅白鴨子
鴨子白菜
燴銀絲
雞蛋炒肉
羊肉包子
晚膳
燕窩紅白鴨絲
羊肉燉白菜
白主雞
鴨絲燉白菜

燴銀絲是以熟羊肚切成絲，搭配胡蘿蔔絲，放入鮮湯內用旺火燴製而成。

〈貳〉
白糖油糕
早膳
燕窩鴨子
鴨子白菜
燴金銀絲
雞蛋炒肉
羊肉餡包子
晚膳
紅白鴨羹
酒燉羊肉羊毽子
鴨丁炒小豆腐
雞蛋炒肉

燴金銀絲也是一道家常菜，以雞肉胸脯肉、熟火腿、雞蛋、豌豆苗等一起炒製而成。

朕的美食物語

前門外某飯館製此最佳，一碗值四十文耳，可令內監往購之。

朕重推薦

片兒湯

清鮮味爽，麵片軟韌，湯燙味美，為民間所喜。

⊙片兒湯做法

將麵團擀成大薄片，切成片後，下入湯鍋中，用豬肉末或是羊肉末。

白糖油糕

〈參〉

早膳

紅白鴨羹鍋子
鴨子白菜
燴金銀絲
雞蛋炒肉
黑糖油糕

晚膳

燕窩紅白鴨絲鍋子
羊肉燉菠菜
海參燴鴨絲
雞蛋炒肉
白糖油糕

・慶功宴（擒張格爾）

鴨子白菜鍋子
海參熘脊髓
熘野雞丸子

小炒肉
羊肉燉菠菜

・皇后慶生特批

豬肉大滷麵

朕重推薦

紅白鴨子

紅白二色相間，質嫩味香。

⊙做法

將鴨肉在鍋中油炒後取出，以部分鴨肉加紅糖炒成紅色、部分鴨肉則切塊，一起上籠蒸熟，再搭配燕窩。

朕重推薦

豬肉大滷麵

大滷麵，是北京人在慶祝生日時的必備品。

⊙大滷麵做法

先用肉湯加上水、太白粉勾芡做滷，然後煮麵，麵好後撈出擺肉澆滷即可。大滷的肉，必須是白水煮的五花肉，配料有口蘑、蝦米、黃花、木耳、雞蛋等。

慈禧太后

◎奢華
◎喜好創新

・哀家的西狩餐

至懷來境內
五個棗子
一個燒餅

榆林堡
小米綠豆粥
五枚雞蛋

懷來城
扯麵條
炒肉絲

宣化
八八酒筵
一品鍋

即京城周邊流行的八八席。在排場、程序和儀式上頗為講究，是簡化版的滿漢全席。

黃糕一碟
小米粥

忻州
鮮果六色

在忻州設行宮，陳設富麗。

西安
烹煮臘羊肉
雞鴨
燕窩
海參
同州瓜
渭南桃
豆芽菜

到了西安，慈禧每日膳食費二百兩銀子。並在西安御膳房設葷局、素局、飯局、菜局、粥局、茶局、酪局、點心局等多種，頗具規模。

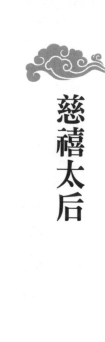

朕重推薦

清燉肥鴨

此道菜中，鴨皮是最為精華的部分。

⊙**做法**

去鴨毛和內臟後，加上調味料裝在瓷罐內，罐內裝一半清水，封好罐口，放在盛水的鐵鍋中，以文火蒸上三天，鴨肉完全酥軟，入口即化。

・哀家喜歡的菜

清燉肥鴨
燒豬肉皮
櫻桃肉
清燉鴨舌
清燉鴨掌
西瓜盅

・哀家喜歡的點心

窩窩頭
飯捲子
炸糕
燒賣
炸三角

・哀家獨寵

響鈴

・哀家的粥

肉粥
果粥
小米粥
荷葉粥

・哀家的創意美食

豆芽肉末：挖空豆芽菜後，塞入肉末蒸熟。

和尚跳牆：江蘇造肉及熟鴨蛋蒸熟。

西瓜盅：挖去西瓜的瓤，放入切好的雞丁、火腿丁、新鮮蓮子、龍眼、核桃、杏仁、松子，蓋好瓜皮，用文火燉四、五個小時。

朕重推薦

炸三角

慈禧晚年最愛的菜點之一，此道菜的湯也是美味絕倫。

⊙**做法**

用芝麻醬、水、麵粉一起攪拌好，再將肉切成碎末，加上蝦米、口蘑、火腿等，用太白粉攪拌成滷餡，將麵擀成麵片，切成兩片，然後將切口捏死，裝入餡，捏成三角形，用油炸酥即成。

TELL 030

大清皇帝陪我吃頓飯

餐桌上的清史，揭露「朕」的菜單怎麼進入你家廚房，哪些御膳能遇到千萬要嘗

作　　者／袁燦興
責任編輯／林盈廷
校對編輯／張慈婷
美術編輯／張皓婷
副 主 編／馬祥芬
副總編輯／顏惠君
總 編 輯／吳依瑋
發 行 人／徐仲秋
會　　計／林妙燕、陳嬅娟
版權經理／郝麗珍
行銷企劃／徐千晴、周以婷
業務助理／王德渝
業務專員／馬絮盈
業務經理／林裕安
總 經 理／陳絜吾

國家圖書館出版品預行編目（CIP）資料

大清皇帝陪我吃頓飯：餐桌上的清史，揭露「朕」的菜單怎麼進入你家廚房，哪些御膳能遇到千萬要嘗／袁燦興著. -- 初版. -- 臺北市：大是文化，2020.06
320 面；17×23 公分. --（TELL；30）
ISBN 978-957-9654-82-1（平裝）

1.飲食風俗　2.清代

538.782　　　109003575

出 版 者／大是文化有限公司
臺北市 100 衡陽路 7 號 8 樓
編輯部電話：（02）23757911
購書相關資訊請洽：（02）23757911 分機122
24小時讀者服務傳真：（02）23756999
讀者服務E-mail：haom@ms28.hinet.net
郵政劃撥帳號／19983366　戶名／大是文化有限公司

法律顧問／永然聯合法律事務所
香港發行／豐達出版發行有限公司“Rich Publishing & Distribution Ltd”
地址：香港柴灣永泰道70 號柴灣工業城第 2 期 1805 室
Unit 1805, Ph .2, Chai Wan Ind City, 70 Wing Tai Rd, Chai Wan, Hong Kong
電話：2172 6513　傳真：2172 4355
E-mail：cary@subseasy.com.hk

封面設計／柯俊仰
內頁排版／顏麟驊
印　　刷／緯峰印刷股份有限公司

出版日期／2020 年 6 月初版
定　　價／新臺幣 360 元
ISBN　978-957-9654-82-1